いま読む！名著

カント『永遠平和のために』を読み直す

どうすれば戦争はなくなるのか

寺田俊郎
Toshiro TERADA

現代書館

いま読む！名著

どうすれば戦争はなくなるのか

カント『永遠平和のために』を読み直す

＊

目次

いま読む！名著

どうすれば戦争はなくなるのか

カント『永遠平和のために』を読み直す

序章

なぜいま『永遠平和のために』か

日本国憲法をめぐる論議と『永遠平和のために』

「戦後」七〇年に当たる二〇一五年の夏は、日本国憲法にとって一つの節目となるときだった。安倍晋三政権が法案提出した「安全保障関連法」が七月一六日に衆議院で、九月一九日に参議院で可決されたのである。これで、第二次世界大戦終結以来一度も海外で武力行使をしなかった日本が、武力行使を行うことが可能になった。反対する市民の集会やデモが各地で繰り広げられ、いわゆる護憲派ではない憲法学者ですら違憲の疑いをためらわずに表明する中での国会通過だった。同法が施行されたのは、翌二〇一六年三月二九日である。その日『朝日新聞』の「オピニオン」欄をこんな見出しが飾った。

「カント照らした道　転換点迎える今　若い人に伝えたい」。

「永遠平和と安保法」と題されたインタビュー記事である。インダビューの受け手は月刊『PLAYBOY』の元編集長、池孝晃氏。池氏が企画・編集し二〇〇七年に出版されたイマヌエル・カントの『永遠平和のために』の新訳が、ふたたび読まれていることを受けてのインタビューである。

池氏は、二〇〇三年のイラク戦争のニュースに触れて、自身の戦争体験を思い起こし、この企画を思い立ったそうだ。「戦争を知らない子どもたち」の世代が国民の七割を超える中、長く戦争を行わなかった日本が戦争に向かっていると思われる状況を前に、「編集者人生の最後の一冊で若い人たちに何かを残したい」と思った。そのとき『永遠平和のために』を手に取ったのは、「日本の憲法がその精神を受け継いでいる、と聞いたから」だという。こうして、『永遠平和のために』の新訳が集英社から出版されることになった。その後絶版になっていたのが二〇一五年に復刊され、じわじわと売れて三刷になっているとのことだ。切実な思いが伝わってくる迫力のあるインタビュー記事だ。そのすぐ下には「理性とユーモア　本質突く」という見出しでわたしへのインタビューに基づく記事が添えられている。『永遠平和のために』の主張、特色、時代背景などを解説する記事である。

集英社版の新訳は、洒脱なエッセイで知られるドイツ文学者、池内紀による読みやすい抄訳を、さまざまな大きさの活字でアクセントをつけて印刷し、これまたエッセイストとしても知られる写真家、藤原新也の写真をあしらった斬新な構成である。装丁も可愛らしく、いかにもお洒落な本だ。その帯には瀬戸内寂聴や江國香織ら人気作家の推薦文の傍らに「このちいさな本から〈国連〉や〈憲法第九条〉の理念が生まれた」という謳い文句が躍る。この文句が当たっていることは後に検証することになるが、ここで大切なのは、この新訳が世に問われ、迎え入れられた背景を、この謳い文句がよく表しているということである。そのころ小泉純一郎政権の下で日本国憲法改定の動きが浮上し、それをめぐる論議が高まったのであった。各地に「九条の会」ができたのもそのころのことである。それと相前後して『永遠平和のために』のもう一つの新訳が現れ、『永遠平和のために』に関連する書籍が相次いで出版されてもいる。

憲法改定の動きとそれをめぐる論議は、二〇一二年に成立した第二次安倍晋三政権の下で再燃した。安倍政権は、憲法第九六条を改定して憲法改定手続きを緩和する策にまで訴えて憲法改定を進めようとしたが、世論に阻まれてそれが難しいと見るや、今度は「安全保障関連法」の制定へと方針転換し、反対を押し切ってそれを成立させた。その中で、集英社版の『永遠平和のために』は復刊されたのである。また、二〇一六年八月には、NHKのテレビ番組「一〇〇分de名著」が『永遠平和のために』を四回にわたって取り上げている。

憲法改定をめぐる論議の中で『永遠平和のために』が人々の関心を引くという現象は、別の形でも見られた。たとえば、二〇〇五年に西東京市の公民館で『永遠平和のために』を読む市民講座が企画され、その講師を引き受けたことがある。地元の受講者が二〇人ほど集まり、質疑や対話も交えて六回でこの作品を読み終えた。受講者の熱心な参加もあって講座は予想以上に充実したものになった。

その後ふたたび二〇一四年ごろから、同じような依頼を市民グループやカルチャー・スクールから受けるようになり、ほうぼうで『永遠平和のために』を講読した。わたしが主宰する哲学カフェでも、この作品を取り上げて対話をしたことがある。こうして、この作品に対する関心の高さを実感しつつ、さまざまな場所でさまざまな人々とこの作品を読みながら、わたし自身もこの作品の理解を深め、それを今日の日本で読むことの意味をあらためて見出していったのである。

冷戦後の世界秩序と『永遠平和のために』

さて、世界に目を転じると、『永遠平和のために』再読の機運はもう少し早くから高まっている。「国際カント会議」という国際的な学術集会がある。原則として五年に一度開かれ、世界各地のカント哲学研究者たちが一堂に会し、ほぼ一週間にわたってカント哲学のありとあらゆるテーマをめぐる研究発表と討論を繰り広げる。直近では、二〇一五年に第一五回がウィーンで開かれ、二〇一九年に第一六回がオスロで開かれる予定である。

一九九五年にテネシー州メンフィスで開かれた第八回では、「カントと永遠平和」が統一テーマに掲げられ、一つの全体会と八つの分科会がこのテーマに当てられた。「永遠平和」が主題として取り上げられた理由の一つは、その年が『永遠平和のために』の出版二〇〇年記念に当たっていたことである。カントに限らず、哲学史上重要な著作の記念の年にその著作にちなむテーマが学会で取り上げられることは、よくあることだ。だが、『永遠平和のために』の場合は、それだけだとはとうてい考えられない。一九九〇年代に、『永遠平和のために』とそれに代表されるカントの政治哲学は、カント哲学研究の枠を越えて広く論じられるようになっていたのである。背景にあるのは、アメリカ合州国を中心とする資本主義諸国とソヴィエト連邦を中心とする社会主義諸国とが拮抗する世界秩序、いわゆる東西冷戦が終結した後、一九九〇年代に始まった新しい世界秩序をめぐる混迷と模索である。

たとえば、ドイツの哲学者、ユルゲン・ハーバーマス、イギリスの政治学者、デイヴィド・ヘルド、アメリカ合州国の文学者・哲学者、マーサ・ヌスバウムといった著名な知識人たちが、カントの政治哲学に強く共鳴する世界秩序構想を提示した。また、一九九七年にはドイツの哲学者、マティアス・ルッツ＝バッハマンとアメリカ合州国の哲学者、ジェームズ・ボーマンが共同で編集した『永遠平和――カントの世界市民の理念に関する試論』[*1]という書籍が出版されている。ハーバーマス、ヘルド、ヌスバウムも寄稿している本書は、カント哲学の研究書というよりも『永遠平和のために』をはじめとするカントの思想に啓発された知識人たちが、広い視野から現代世界の問題を論じるものである。

ほぼ同じ内容のドイツ語版（『法を通じた平和』）[*2]が一九九六年に出版されており、日本語訳（『カントと永遠平和——世界市民という理念について』）[*3]も二〇〇六年に出ている。

『永遠平和のために』を引き合いに出すのは、カントに共鳴する人々ばかりではない。たとえばいわゆる新保守主義《ネオコン》の理論家として知られるアメリカ合州国の政治学者、ロバート・ケーガンは、カントの構想に共鳴するヨーロッパの世界構想を「夢」と呼んで厳しく批判しつつ、いわゆる現実主義《リアリズム》的な政治構想の論陣を張った。二〇〇三年に出版された『パラダイスとパワー——新世界秩序のなかのアメリカとヨーロッパ』[*4]である。その日本語訳も二〇〇三年に『ネオコンの論理——アメリカの新保守主義の世界戦略』[*5]として出ている。面白いのは、批判の対象としてではあれ、ケーガンが『永遠平和のために』を引き合いに出さざるをえなかったことである。この作品の現代的な意義の大きさを、裏側から示していると言えるだろう。

いま『永遠平和のために』を読むことの意義

このように、『永遠平和のために』は、日本を含む現代の世界で人々の関心を引き、繰り返し読まれ、引き合いに出される作品である。その理由の一つが、近代を代表する大哲学者による平和論であるところにあるのは、あらためて言うまでもない。あの哲学者カントが平和を論じたのだから、混迷する現代にきっと何かを教えてくれるに違いない、というわけである。

しかし、カントの名声が独り歩きしているわけでもない。カントの平和論に対する期待は現に適えられもするからである。先述の池氏は、カントが、行動派の政治家の特徴として「まず実行、そののちに正当化」「過ちとわかれば、自己責任を否定」「力でもって先んじなければ、力でもって先んじられると主張する」などと指摘していることに、「ハッとさせられる」と述べている。たしかに、現代の政治家たちの行状を突いて寸鉄人を刺すところがある、とわたしも思う。他にも〈常備軍は撤廃されなければならない〉〈諸国家連合をつくらなければならない〉〈道徳が政治に優先しなければならない〉など、明快で力強い提言が散見され、啓発されたと感じる読者も少なくないだろう。そして、先述のように、冷戦終結後の世界秩序構想をめぐって、少なからぬ知識人たちがカントの平和論に触発されている。『永遠平和のために』を読むことの意義の一つが、そこにあることは否定しようがない。

しかし他方、カントの提言は、現代のわれわれにとって特に目新しいわけではない、と思われるところがある。たとえば〈常備軍は撤廃されなければならない〉はあまりにも自明である。そのため、あらためて大哲学者に訊くほどのことはないと思ったり、いささか無邪気すぎると感じて拍子抜けしたりする読者も、少なくないのではないだろうか。また、〈世界市民の権利は訪問権に制限されなければならない〉〈自然は人間の不和を利用して平和に導く〉など、謎めいた、あるいは逆説的な、にわかには真意を摑みがたい提言が並んでいるのを見て、途方に暮れる読者もいるかもしれない。

『永遠平和のために』は、一方で現代のわれわれを「ハッとさせる」ところや考えるヒントを与えてくれるところもあるが、他方、実はとても難解なところがあり、そうたやすく読み通すことを許さない。そのような難解なところは、往々にして、カントの根本的な思想とつながっているところであり、われわれにゆっくり、じっくり読んで考えることを迫る。その意味で、この小さな作品は、カントの他の大きな作品に負けず劣らぬ、正真正銘の哲学の古典なのである。ゆっくり、じっくり読んで考えることによってはじめて見出される面白さがあり、意義がある。カントは、自らの時代である一八世紀の世界の現実を見つめつつこの哲学的作品を書いた。われわれも、自らの時代である二〇世紀・二一世紀の世界の現実を見つめつつこの作品を読み、哲学的に思索したい。そうしてこそ見出されることの書の現代的意義があるはずだ。

カント哲学の「見本」としての『永遠平和のために』

『永遠平和のために』は、ドイツ語のカント全集版で四〇ページほど、日本語訳の文庫版で一〇〇ページほどの、パンフレットのような小さな作品である。そのため、時事的な評論のようなものだと思われることも多い。たしかに、カントはただの書斎の哲学者ではなく、時事的な問題に並々ならぬ関心を抱き、同時代の世界情勢に鋭い視線を向け、それに応答する数々の作品を書いた言論人であり、ジャーナリスト的なセンスのある人だった。『永遠平和のために』が時代状況に応答する作品の一つであることは間違いない。カントが生きたヨーロッパの一八世紀は、戦争に次ぐ戦争の世紀であり、カントの祖国プロイセンも、七年戦争、オーストリア継承戦争、普仏戦争、フランス革命戦争など大きな戦争を戦い続けた。そのフランス革命戦争の講和である「バーゼルの講和」（一七九五年）が、カントが『永遠平和のために』を書いた直接の動機になったとも言われる。

しかし、『永遠平和のために』が、たんなる時事的な評論ではなく、すでに述べたように哲学的な論考であることは、その副題「哲学的草案」が明示している通りである。それは「草案（ドイツ語の原語は Entwurf で、草稿、スケッチの意）」であって粗削りではあるが、哲学的な思考の表現なのだ。それは、五〇年余りにわたって一途に哲学の研究に勤しんできた老哲学者の豊かな思索の蓄積を背景にして書かれているだけでなく、それを凝縮して表現してもいる、と言っても過言ではない。少なくとも、カントの実践哲学――道徳哲学（倫理学）、法哲学、政治哲学――と歴史哲学の基本的な考え方が踏まえられていることは、明らかである。

たとえば、〈国家を買収、併合、分割してはならない〉という条項が掲げられるが、その理由として国家は人格の集合であるのだから、人格と同じように、たんなる手段として用いられてはならないという原則が挙げられている。これが〈人格はたんなる手段として用いられるべきではない、つねに同時に目的として用いられるべきである〉というカントの道徳哲学の基本原理に連なることは、一目瞭然である。この原理は、道徳哲学の主著の一つ『人倫の形而上学の基礎づけ』（一七八五年）で表明されているが、カントの思想の中でも比較的よく知られていよう。

また、世界市民の法および権利の根拠として、人類が有限な球面である地表を共同所有していることが挙げられている。これはカントの法哲学の基本的な考え方であり、最晩年の『人倫の形而上学』（一七九七年）で表明されている。さらに、前出の〈自然が人間の不和を利用して平和に導く〉という一見逆説的な主張は、自然が人間を――いわば摂理によって――あたかもある目的に向かって導くかのように見えるという、カントの歴史哲学に基づくものでもある。それは『世界市民的見地から見た普遍史の理念』（一七八四年）などに表明されている。

このように、『永遠平和のために』を読めば、カントの実践哲学と歴史哲学のエッセンスに触れることになる。しかし、それだけではない、この作品を読めば、カントの哲学全体のエッセンスに触れることになる、というのが本書の見立てである。*6 そう言いうる根拠は「世界市民（ドイツ語の原語ではWeltbürger、英語ではcosmopoliteまたはcosmopolitan）」という概念にある。この「世界市民」という概念は、『永遠平和のために』の鍵概念の一つであるが、カントの実践哲学と歴史哲学の基本概念であるだけでなく、主著『純粋理性批判』を中心とする理論哲学も含めたカントの哲学全体の基調を成す概念でもあるのだ。このことを示すことは本書の中心的な課題である。そして、この作品がカントの最晩年に書かれたものの一つだという事実を合わせ考えれば、この作品はカントの哲学の歩みの到達点である、とすら言えるのではないだろうか。その意味で、『永遠平和のために』はカント哲学全体の性格を簡潔に表示する「見本」なのである。

もちろん、『永遠平和のために』が、たとえば主著『純粋理性批判』に見られる精緻な議論のダイジェスト版になっている、というわけではない。カント哲学の根底を流れる基本的な考え、いわば精神を映している、ということである。

カントの人物像を伝える『永遠平和のために』

『永遠平和のために』がカント哲学の「見本」だということには、もう一つの理由がある。それは、この作品には、カントの人となりがまことによく表れているということである。この作品に触れるとき、まず心を打つのは、飽くことなく戦争を繰り返す人間に対する哲学者の強い憤りであり、その下地となっている現実の世界に対する深い関心と鋭い観察眼であろう。これを書いたとき、カントが七一歳の老人であったことに思いを致せば、驚嘆を覚える人すらいるかもしれない。老齢に至ってもなお、カントは世界に対する関心と観察眼を生き生きと保っていたのである。

　そのような世界に対する関心と観察眼は若いころから発揮されている。たとえば、一七五五年、カントが三〇代に入ったばかりのころ、リスボンで大地震が起こり、地震と津波で五万人以上の人々が犠牲になった。その報に接してカントは、地震に関する小さな論考を三つ発表している。もっとも、リスボンの大地震は、広くヨーロッパの知識人たちに大きな衝撃を与えた事件だったので、カントが特に鋭敏に反応したというわけではないのだが、若いころから世界に目を向けていたことの証左ではある。

　じっくり読み進めるにつれて、この哲学者の人となりをめぐって見えてくるものがさらにある。その一つが、ユーモアのセンスである。

　まず序文で、「永遠平和のために」という題名が、実は墓場の絵をあしらった宿屋の看板のパロディであることが明かされる。墓場のように静かなところで死者のようにぐっすり眠ることができる、というわけだ。これは同時に、世界戦争によって人類が滅びた後の墓場の平和を暗示してもいる。序文の後のほうでは、政治家に対する辛辣な台詞が苦笑を誘う。実際的な政治家は理論的な政治学者のことを、ふだんから、非現実的だと言ってばかにしているのだから、哲学者が夢のようなことを語っても目くじらを立てないでもらいたい、と。これは、政府による検閲をやんわりと牽制しているのだが、同時に、これから語られることがたんなる夢想ではないことをほのめかしてもいる。

　きわめつけは、後に「第二補説」として付け加えられた「永遠平和のための秘密条項」である。カントは本論で平和条約に秘密条項があってはならない、と論じているが、その舌の根も乾かぬうちに

「永遠平和のための秘密条項」とはいったいどうしたことだろう、といぶかしく思いながら読み進めると、その内容に声をあげて笑ってしまいそうになる。「秘密条項」の内容は、先にも見た〈君主は秘密裏に哲学者の意見を聴かなければならない〉というものなのだが、振るっているのはその理由と実行方法である。まだ読んでいない読者の楽しみを奪いたくないので、説明は後に回すことにする。それまでに、ぜひご自身の目で「秘密条項」を読んでいただきたい。

このように、随所で——多分にブラックな——ユーモアが炸裂するが、そもそも『永遠平和のために』の構成自体が平和条約の体裁を採っており、全体として平和条約のパロディになっていることに気づくとき、開いた口が塞がらない思いがする。「秘密条項」の他にも、序文には「留保条項」、第一章には「予備条項」、第二章には「確定条項」という具合に「条項」が随所に登場するのは、平和条約の体裁を模しているからなのである。*7 バーゼルの平和条約をはじめ既存の平和条約など平和条約とは言えない、本当の平和条約を見せてやろう、というわけだ。

カントが並みならぬユーモアのセンスをもっていたことが思い知られる。食事の席でカントは男性のみならず女性にも人気があったと伝えられているが、その人気の秘密は博学に裏づけられた興味深い談話と並んで、ユーモアに富んだ軽妙洒脱な語り口にもあったのだろう。もっとも、『永遠平和のために』に見られるようなたっぷり皮肉の利いた語りが続いては、聞くほうは辟易するかもしれない。たぶん、食卓でそんな語り方をするのが野暮であることは心得ていたのだろう。

このように、『永遠平和のために』は、カントの哲学のエッセンスを伝えるというだけでなく、その人となりを生き生きと伝えるという意味でも、カント哲学の「見本」なのである。*8

世界市民の哲学としてのカント哲学

カント哲学の特徴を表す呼び名はいろいろある。哲学史の概説書などでは「批判哲学」「超越論哲学」「啓蒙主義の哲学」などと書かれている。その通りである。カントは自らの哲学の主要な仕事を「批判」と呼び、三つの「批判書」すなわち『純粋理性批判』『実践理性批判』『判断力批判』を著して、世界史に名を留める哲学者になった。また、その「批判」に用いられる認識を自ら「超越論的な」認識と呼んだ。さらに、カントの生きた時代は「啓蒙主義の時代」と呼ばれる時代であり、カント自身も「啓蒙とは何か、という問いの答え」というエッセイを書いて独自の啓蒙観を表明している。「自由の哲学」と言われることもあるが、これも当を得ている。意志の自由をめぐる理論的議論から市民社会における個人の自由をめぐる実践的議論に至るまで、カントの哲学は「自由」の概念を軸に展開していると言ってもよい。「ドイツ観念論の哲学」と説明されていることもあるが、これには疑問なしとしない。というのも、いわゆるドイツ観念論の哲学――フィヒテやシェリングやヘーゲルの哲学――が、カントの影響を強く受けていることは事実だが、基本的な性格、いわば精神を異にするように思われるからである。

しかし、やはり何と言っても「世界市民の哲学」なのである。それは、他のさまざまな特徴を包括して、カントの哲学を代表する呼び名であるように思われる。なぜか。それを示すことは、先にも述べたように、本書の中心的な課題である。「世界市民」の意味とともに後で主題的に論じることになる。

『永遠平和のために』とわたし

わたしは『永遠平和のために』を、さまざまな機会にさまざまなしかたで読んできた。最初に読んだのは、おそらく大学生になって間もなく、それまで気になっていながら読んだことがなかったこの名著を、ドイツ語の勉強も兼ねて読んだときだったと思う。その最初の印象を、先ほど述べた。その後哲学を専攻し、カント哲学の研究を始め、大学院に進学してさらにカント哲学の研究を続けることになったが、『永遠平和のために』を精読することはついになかった。特にカントの道徳哲学と法哲学に関心をもって研究に取り組んでいたので、この作品を集中的に読んだことがあってもおかしくないのだが、『人倫の形而上学の基礎づけ』『実践理性批判』『人倫の形而上学』といった主著の読解に汲々として、それとの関連で必要な箇所のみを拾い読みしていたのである。

ようやくこの作品に集中的に取り組んだのは、二〇〇二年にカント哲学の研究者たちを中心とする「グローバル・エシックス」の研究に参加するようになってからである。時はまさに、東西冷戦後の世界秩序をめぐる世界的な論争と、日本国憲法改定をめぐる国内的な論争が巻き起こっているころだった。それから、先述のように、市民講座や哲学カフェなどで対話しながら人々と一緒に読んだ。大学の授業で取り上げ、学生と一緒に読んだこともある。

さて、二〇〇七年度に在外研究で一年間ベルリンに滞在している間に、ドイツ人大学生と一緒に読んだこともある。ドイツ語会話の家庭教師をしてもらっていたのだが、練習の一環として、『永遠平和のために』を一緒に読んで議論してみたのだ。カントの作品と言えば、ギムナジウム（大学進学コースの中等教育学校）の授業で「啓蒙とは何か、という問いの答え」を読んだことがあると言うので、現代の十代の少年少女にもカントのドイツ語はふつうに読めるのか尋ねたところ、少々難しいが十分読めると言う。そして、声に出して読むと美しいドイツ語だ、と。『永遠平和のために』についても同じ感想だとのことだった。ちなみに、『永遠平和のために』も「啓蒙とは何か、という問いの答え」も朗読版（ドイツ語ではHörbuch「聴く本」という）がCDなどとして市販されているが、それは、残念ながら、これらの作品が声に出して美しいドイツ語で書かれていることの証拠にはならない。晦渋なドイツ語で知られる『純粋理性批判』の朗読版も出ているからである。

本書の構成

本書の構成は以下の通りである。

序　章　なぜいま『永遠平和のために』か
第1章　永遠平和のための条約
第2章　永遠平和への鍵としての世界市民
第3章　永遠平和の実現をめぐる困難
第4章　永遠平和への道としての哲学
終　章　『永遠平和のために』と日本国憲法

なお、第1章以下では、『永遠平和のために』という表題を『永遠平和』と略記することにする。

また、カントの作品からの引用は、岩波書店『カント全集』の巻数とページ数で示すとともに、他の日本語訳や原典を見て研究したい人のために、プロイセン王立学術アカデミー版の『カント全集』(*Kants Gesammelte Schriften*, Ausgabe von der königlichen Preussischen Akademie der Wissenschaften)の巻数(ローマ数字)とページ数(算用数字)を丸括弧で示した(たとえば、「(VIII 236)」)。ただし、『純粋理性批判』については、慣例に従い、第二版(B版)のページ数を示した(たとえば「(B 157)」)。訳文は、岩波書店版全集も含めた既存の諸訳を参照して、わたしが訳出したものである。引用文中の強調は、特に断りがない場合、原著者によるものである。引用文中の亀甲括弧(〔 〕)は、引用者による補足説明を表す。

それでは、『永遠平和のために』をゆっくり、じっくり読みながら、「永遠平和」と「世界市民」をめぐる哲学的探究の旅に出よう。

＊1 James Bohman and Matthias Lutz-Bachmann (ed.), *Perpetual Peace: Essays on Kant's Cosmopolitan Ideal*

＊2 James Bohman und Matthias Lutz-Bachmann (Hrsg.), *Frieden durch Recht: Kants Friedensidee und das Problem einer neuen Weltordnung*

＊3 ジェームズ・ボーマン、マティアス・ルッツ＝バッハマン、『カントと永遠平和――世界市民という理念について』

＊4 Robert Kagan, *Of Paradise and Power: America and Europe in the New World Order*

＊5 ロバート・ケーガン、『ネオコンの論理――アメリカ新保守主義の世界戦略』

＊6 山根雄一郎は『永遠平和のために』が『純粋理性批判』を起点とするカントの批判哲学との密接な連関の下で解釈されるべきだと主張し、そのような観点を提示した先人として、ジョン・ロールズ、朝永三十郎、南原繁を挙げ、特に朝永が『永遠平和のために』をカント哲学の「ミクロコスモス」と呼んだ事実を引いている。山根雄一郎、「平和の形而上学――『永遠平和のために』の批判哲学的基底」

＊7　もっとも、これはカントの独創ではない。『永遠平和のために』に先立つことおよそ八〇年に発表されたアベ・ド・サン＝ピエールの平和論にも、同じ趣向が見られる。アベ・ド・サン＝ピエールの作品には第1章で触れる。

＊8　カントの思想や人物の全体像を知るのに役立つ文献はいろいろあるが、最近日本語で読めるようになった詳細な文献として、次のものを挙げておく。マンフレッド・キューン、『カント伝』。

第1章

永遠平和のための条約

本章では『永遠平和のために』が、たんなる時事的な評論ではなく、
カントの哲学全体を映し出す「カント哲学の見本」であるとの見立てをもって、
第一章「永遠平和のための予備条項」、
第二章「永遠平和のための確定条項」を徹底的に読み込んでいく。
その過程で『永遠平和のために』が二つの世界大戦後の国際連盟、国際連合の
設立に哲学的根拠を与えたとされる理由が明らかになるはずだ。

二一世紀に入って相次いで出版された『永遠平和』の日本語訳の帯に付された謳い文句「このちいさな本から『〈国連〉や〈憲法第9条〉』の理念が生まれた」に、序章で触れた。この謳い文句はいくつかの意味で当たっている。まず、歴史的に見れば、『永遠平和』は国際連合の前身である国際連盟の創設に影響を与えた思想的資源の一つとされている。ただ、それは唯一の思想的資源でもなければ、最大の思想的資源でもない。血で血を洗う戦いが繰り広げられ、ヨーロッパ全域の荒廃という結果に終わった悲惨な三十年戦争（一六一八年〜一六四八年）を経験して以来、ヨーロッパではさまざまな平和の構想が発表され、平和の思想の系譜が形成されていた。[*1]

その中でもよく知られている作品が、フランスの聖職者、アベ・ド・サン＝ピエールの『ヨーロッパの永遠平和のための構想』[*2]（一七一三〜一七一七年）である。そして、この作品を紹介・批判する作品を書いて、自らの平和論を展開したのが、フランスの思想家、ジャン＝ジャック・ルソーの『アベ・ド・サン＝ピエール氏の永遠平和のための構想抜粋』[*3]（一七六一年）と『永遠平和のための構想に関する批判』[*4]（一七八二年）である。これらのルソーの作品を通して、カントはアベ・ド・サン＝ピエールの永遠平和論を知ったと言われている。表題を見るだけで、カントに影響を与えていることがうかがわれる。また、イギリスの哲学者、ジェレミー・ベンサムも、死後に公刊された『国際法の原理』（一八三八〜一八四三年）の第四部「世界永遠平和の計画」で世界平和を論じている。[*5]

また、国際連盟の延長線上に国際連合が成立し、さらに国際連盟の誕生とともに締結されたパリ不戦条約（一九二八年、ケロッグ＝ブリアン条約とも呼ばれる）の延長線上に憲法第九条が成立したとすれば、たしかに『永遠平和』から国連も憲法第九条も生まれたことになる。[*6]

さらに、理論的に見れば『永遠平和』は国際連盟や国際連合といった制度の創設に哲学的な論拠を与えると同時に、憲法第九条に謳われている、紛争解決の手段としての戦力の廃棄に関する哲学的な考察の先駆にもなっている。

このように、『永遠平和』は、歴史的な意味でも理論的な意味でも、たしかに国連や憲法第九条の源流の一つである。

以上のような歴史的、理論的な系譜を確認することは、もちろん興味深いことである。しかし、二〇〇年も前の作品であるから、そうまっすぐに現代につながるところばかりでないことは、言うまでもない。そのまっすぐに現代につながらないところも含めて、『永遠平和』のテキストを丹念に読んでいくことにしよう。

『永遠平和』第一章では「永遠平和のための予備条項」と呼ばれるものが、第二章では「永遠平和のための確定条項」と呼ばれるものが、それぞれ論じられている。「条項」という語句がこの作品が平和条約を模していることに由来することは、すでに述べた。「予備条項」は各国間に平和をもたらし永遠平和を準備するためにまずは各国が実行すべきことを提示するのに対し、「確定条項」は永遠平和を確実にするために整えられるべき国内外の政治体制を提示する。

1 永遠平和のためにまずは実行すべきこと——予備条項

六つの予備条項

永遠平和のための予備条項は六つある。それらを一覧してみよう。

第一条項　将来の戦争の種をひそかに保留して締結された平和条約は、けっして平和条約と見なされてはならない。

第二条項　独立しているいかなる国家(小国であろうと、大国であろうと、この場合問題ではない)も、継承、交換、買収、または贈与によって、他の国家がこれを取得できるということがあってはならない。

第三条項　常備軍(miles perpetuus)は時とともに撤廃されなければならない。

第四条項　国家の対外紛争に関しては、いかなる国債も発行されてはならない。

第五条項　いかなる国家も、他の国家の体制や統治に、暴力をもって干渉してはならない。

第六条項　いかなる国家も、他国との戦争において、将来の平和時における相互間の信頼を不可能にしてしまうような行為をしてはならない。たとえば、暗殺者(percussores)、毒殺者(venefici)を雇ったり、降伏条件を破ったり、敵国内での裏切り(perduellio)をそそのかしたりすることが、これにあたる。[*7]

これらの条項は、現代のわれわれの目から見るとあまりに当然のことばかりで、特に興味を惹くものではないかもしれない。あるいは、その当然のことが通らないところに国際政治の難しさがあるのだから、それを臆面もなく並べ立てるのはいささか無邪気すぎるのではないか、と思われるかもしれない。わたしも、大学生になりたてのころ初めてこの作品を読んで、これらの条項に拍子抜けのする思いがした記憶がある。このような当たり前のことなら、わざわざ大哲学者に尋ねるまでもない、と感じたのだろう。

だが、カントの生きた時代とカントの哲学を念頭においてこれらの条項とその理由を読めば、これらの条項がきわめて興味深いものであることがわかる。それらは、カント哲学のもっとも基本的な主張に密接に連関すると同時に、カントの世界情勢に対する鋭い観察と洞察をうかがわせるからだ。そして、カントが彼自身の時代の状況に向きあって思索したのと同じように、われわれもまたわれわれ自身の時代の状況に向きあって思索すべきであることを教えられるのである。たいしたことはないとの感想は、いまにして思えば、世界の歴史もカントの哲学もろくに知らない若者の、浅はかで生意気な勘違いでしかなかった。

常備軍の撤廃——第三条項

一見したところあまりにも当然のことであるがゆえに、あるいはあまりにも楽観的に表明されているがゆえに、面白味を感じないが、その理由をよく見るとたいへん興味深い予備条項がある。その筆頭は第三条項だろう。少し長くなるが、この条項の理由に当たる部分を読んでみよう。

というのも、常備軍は、いつでも戦争のために武装しているように見える準備を整えていることによって、他の諸国を絶えず戦争の脅威にさらしているからである。常備軍が刺激となって、互いに無際限な軍備の量を競うようになり、それにかかる費用によって、ついには平和のほうが短期の戦争よりも重荷となり、この重荷を逃れるために常備軍そのものが侵略戦争の原因となるのである。そのうえ、人を殺したり人に殺されたりするために雇われることは、人間がたんなる機械や道具として他のもの（国家）の手で使用されることを含んでいると思われるが、こうした使用は、われわれ自身の人格の内なる人間性の権利とおよそ一致しないであろう。だが国民が自発的に定期的に武器使用を練習し、自分や祖国を他からの侵略に対して護ることは、これとはまったく別である。*8

理由を簡単にまとめると次の二つである。（一）常備軍は、他の諸国をつねに戦争の脅威にさらし、果てしのない軍備拡張競争を引き起こすから、軍事費が増大し、常備軍の存在自体が侵略戦争の原因になる。（二）人を殺したり殺されたりするために雇われることは、国家によってたんなる道具として使用されることだが、これは「われわれ自身の人格の内なる人間性の権利」と調和しない。いずれの理由も、かなり説得力のあるものではないだろうか。

第一の理由は、近代的な軍備というものの本性に関する洞察に基づいている。一九世紀ドイツの軍人で『戦争論』を著したカール・フォン・クラウゼヴィッツや二十世紀の哲学者カール・シュミットのように、戦争を政治の手段や政治の延長として正当化する論者を「現実主義者《リアリスト》」と呼ぶことがあるが、そういった現実主義者の主張の難点を見事に暴いている。常備軍をもつということは、当初は政治が軍備を手段として使うことを目論んでいたとしても、やがて果てしのない軍備拡張競争に巻き込まれ、ついには政治が軍備に手段として使われるという転倒に陥る可能性を、不可避的に内包しているのである。

ただし、そのような転倒を招くのは軍拡競争による軍事費の重荷だけではないことを、現代のわれわれは知っている。かつて日本が無謀な戦争に突入して破滅への道を歩むことになったのは、一つには強大な常備軍の政治への干渉のせいであったし、現代では巨大軍需産業が自己利益増大の手段として政治に干渉することが知られている。カント以後の歴史はそのような転倒の実例を示し続けているのである。いわゆる現実主義者は、このような転倒の現実を真剣に受けとめていない点で、自らその名を裏切っているのではないのではないだろうか。

他方、第二の理由は、カントの実践哲学（道徳哲学・法哲学）の基本的な主張から直接導かれる。「われわれ自身の人格の内なる人間性の権利」とは、カントによれば、唯一で根源的な人間の権利である自由のことである。*9『人倫の形而上学』の第一部「法論」には次のように書かれている。

> 自由（…）こそは、それが普遍的法則に従ってあらゆる他の人の自由と共存しうる限りにおいて、この唯一で根源的な、あらゆる人間に人間であるがゆえに帰属する、権利である。*10

そして、この根源的権利としての自由が共存することこそが法の普遍的原理である、とカントは主張する。

また、人を何らかの目的を達成するためのたんなる手段として用いるべきではない、という思想は『人倫の形而上学の基礎づけ』（以下『基礎づけ』と略記）において次のような道徳の原理として表現されている。*11

> あなたの人格の内にも他のすべての人の人格の内にもある人間性を、いつも同時に目的として用い、けっしてたんに手段としてのみ用いない、というようなふうに行為せよ。*12

人（人格）を、何らかの目的を達成するためのたんなる手段として扱ってはならず、いつも同時に目的として扱わなければならない、ということである。これは、カントが道徳の根本原理とする「定言命法」の三つの公式（定式）のうちの一つであり、その根底にあるのは、次のような思想である。物（物件）は交換可能な価値、すなわち価格をもつが、人（人格）は交換不可能な価値、すなわち尊厳をもつ。人を何らかの目的を達成するためのたんなる手段として用いることは、その人をたんなる物（物件）として扱うことであり、人の尊厳を毀損することである。

道徳の原理――「目的自体」としての人格

人を、自分の都合のいいように手段として利用することが道徳的な意味で正しくないことは、一般に認められるだろう。たとえば、わたしが一時的な経済的苦境を脱するという目的のために、かならず返すと嘘をついて返すあてのない借金をするとすれば、わたしはあなたをたんなる手段として扱うことになる。詐欺にせよ、殺人にせよ、たいていの犯罪は、このような、自分の目的を実現するために他の人をたんなる手段として扱う、という性質を共通にもっていると言えるだろう。

　もちろん、われわれ人間は生きるために他の人を手段として用いざるをえず、現に手段として用いている。われわれは、生きるために必要なものをすべて独力で手に入れることができないからである。われわれは日々互いに手段として用いあう。しかし、多くの場合、それは「手段として用いあう」とは言われず、「助けあう」「協力しあう」などと言われる。それがまさしく「手段として用いる」ことになるのは、誰かが他の誰かを一方的に手段として用いる場合である。わたしがあなたに借金をするとしても、約束の期日までに返済し、感謝の言葉を述べたり利子を払ったりすれば、わたしはあなたをたんなる手段として用いたことにはならない。カントが周到にも「いつも同時に目的として用い、けっしてたんに手段としてのみ用いない」（強調は引用者による）と言っていることに注意しなければならない。

　では、人を目的として扱うとはどういうことか。たんなる手段にしないように扱うことだ、という消極的な理解を与えることもできる。だが、カントはもっと積極的な意味を込めていると解釈することもできる。カントによれば、人は自由で理性的な行為主体であり、その特徴の一つは、自分自身の目的をもち、それを実現するための手段を考え、行為することである。そのような各自の目的をもちそれを追求する行為主体としてあり方を認め、それにふさわしく人を扱うこと、それこそが人を目的として扱うということである、と解釈することができるのである。

わたしがあなたに借金をすることによって、あなたを苦境から脱するための手段として扱ったとしても、はじめから期日までに返済するつもりであり、現に期日まで返済したとすれば、あなたが返済後にその金を使って実現しようとしていた目的は妨げられることはなく、わたしはあなたを、自分自身の目的をもちそれを実現しようとして行為する主体として認め、それにふさわしく扱ったことになる。人を目的として扱う、ということは人を行為主体として尊重しつつ人と関わる、ということでもあると考えられるのだ。

さて、いつも同時に目的として扱われるべきであり、けっして手段として扱われるべきではないもののことを、カントは「目的自体」とも呼んだ。目的そのものということである。

「目的自体」ということでまず考えられるのは、目的と手段の連鎖の終着点に位置する目的、最終目的である。たとえば、わたしがあなたに借金をするのは、一次的な経済的苦境を脱するという目的のための手段だが、経済的苦境を脱することはわたしの最終目的ではない。それは、家族を養う、快適な生活を送る、健康に生きるなど、さらなる目的のための手段である。このように、われわれの現在の目的は将来の目的のための手段であり、その目的もさらに将来の目的のための手段であり…と目的と手段の連鎖をたどって、最後に行き着く目的は何か――それは幸福だ、と古代ギリシアのアリストテレスは考えた。つまり、目的自体は幸福である。そして、それがヨーロッパの哲学において幸福に関する考え方の典型になった。

カントも、ある意味では、その系譜に属している。カントもまた、人が追求する目的は最終的には幸福に行き着くと考えていたのである。しかし、カントは幸福を目的自体とは見なさず、むしろ目的を追求し、幸福を追求する行為主体を目的自体と見なしたところが、異なっている。この意味での目的自体は、実現されるべき対象という通常の意味での目的ではなく、目的を追求する各人の行為を制限する原理である。つまり、誰もが自由で理性的な人として自由に目的を追求してよいが、それはただ他の自由で理性的な人々をたんなる手段として扱わない限りにおいてである、という原理である。

世界情勢への眼差しと哲学――第二、第四、第五条項

第二、第五条項も、目的自体としての人格という原理に関連がある。国家は人格の集合体であるから、人格と同様、目的自体として扱われなければならない、ということである。第二条項の理由の説明を見よう。

つまり国家は、（国家が場所を占めている土地のように）所有物（財産 partrimonium）ではない。国家は、国家それ自体以外の何ものにも支配されたり、処理されたりしてはならない人間の社会である。ところが、それ自体が幹として自分自身の根をもっている国家を、接ぎ枝として他の国家に接合することは、道徳的人格である国家の存在を廃棄し、道徳的人格を物件にしてしまうことである、したがって、こうした接合は根源的契約の理念に矛盾する…。*13

他国を継承などの手段により取得することは、人格の集合体であるがゆえにそれ自体一つの人格として扱われるべき国家を、たんなる物件と見なすことであり、道徳的な意味で正しくない、ということである。また、それはあらゆる法治国家の原理である「根源的契約」の理念にも反するとカントは言う。この理念については、後で考察することになる。

第五条項の理由の説明は次の通りである。

というのも、いったい何が国家にそうした〔干渉の〕権利を与えることができるというのであろうか。一国家が他の国家の臣民たちに与える騒乱の種のたぐいがそれである、というのであろうか。だが、一国家に生じた騒乱は、一国民が自らの無法によって招いた大きな災厄の実例として、むしろ他国民にとって戒めとなるはずである。一般に、ある自由な人格が他の人格に悪い実例を示しても、それは（たんに示された醜行 scandalum acceptumとして）他の人格を傷つけることにはならない。*14

自立した人格どうしの関係においては、たとえある人が世間でよくないとされている振る舞いをし、他の人々に対して悪い実例を示すことになったとしても、それを理由としてその人に干渉することは許されない、という倫理学上の見解があり、「たんに示された醜行《スキャンダル》」とはそれを指すラテン語の語句である。たとえば、ある人の酒癖が悪いとしよう。酒癖が悪いあまり他の人に暴力を振るうとすれば、その暴力行為を制止したり、非難したりすべきだが、他の人に危害は加えないのに、ただ酒癖が悪いというだけの理由でその人の生き方に干渉するとすれば、それは自立した人格を不当に扱うことになる、ということである。

このように、いずれの条項もカントの道徳哲学と結びついているが、同様に、そこには、カントの世界情勢に対する観察と洞察がうかがわれる。その点で特に興味深いのは、第四、第五条項である。第四条項では、国債による戦費調達の基礎になっている借款制度について「これは現世紀における一商業民族の巧妙な発明である」と述べられている。この「一商業民族」とは、容易に推察されるように、大英帝国のことである。資本主義の発展の先頭に立っていた大英帝国による金融の仕組みの発達を、カントはよく知っていて、それが無際限な戦費調達につながることを見抜いていたのである。

また、第五条項に出てくる他国に対する暴力による干渉ということでカントがまず念頭に置いていたのは、革命によって成立したフランス共和国に対する、大英帝国をはじめとする諸国の武力介入のことであったと考えられる。フランス革命に関するカントの評価は単純ではない。カントは、フランス革命に強く共感すると同時に、それを厳しく批判するという、両義的な姿勢を採っている。簡潔に言えば、共和制国家が樹立され、人間の自由と平等という原理に基づく政治体制が実現したことには共感するが、そのために不法行為や暴力が用いられたことを批判しているのである。この姿勢は『永遠平和』にも一貫して見られ、以下で詳しく見ることになる。とはいえ、たとえ暴力という誤った手段によって樹立されたものであっても、とにかく成立した共和制国家に対する武力干渉は許されない、とカントは主張するのである。

戦争は正義を決する手段ではない――第六条項

以上、考察したどの条項も、カントの哲学上の主張と連関しているとともに、世界情勢に対するカントの鋭い観察と洞察をうかがわせる、きわめて興味深いものである。とはいえ、戦争というものの本性にもっとも深く鋭く迫る洞察を示しているのは、やはり第六条項であろう。そこでは、戦争が終結して平和が訪れたときに当事国相互が信頼を回復することを不可能にするような卑劣な行為が禁じられる。たとえば、スパイの利用や暗殺、停戦条約の破棄などである。その理由は次のように論じられる。

> それらは恥知らずの戦略である。というのも、戦争のさなかでも敵の思考様式に対する何らかの信頼がなお残っているはずだからである。なぜなら、そうでないとすれば、講和は締結されえないであろうし、敵対は殲滅戦（bellum internecinum）に至るであろう。しかし、戦争は（確定的な判決を下す裁判所がない）自然状態において、暴力によって自分の正しさ〔権利〕を主張する悲しむべき非常手段にすぎない。この状態においては、当事者双方のいずれも不正な敵と宣告されることはありえず（なぜなら、それはすでに裁判官による判決を前提とするから）、どちらの側が正しいかを決定するのは、（あたかもいわゆる神明裁判におけるように）戦争の結果でしかない。ところで、国家の間には、いかなる懲罰戦争（bellum punitivum）も考えられない（なぜなら、国家の間には、上位者と下位者の関係は成立しないからである）。――以上から次のことが帰結する。すなわち、殲滅戦では、双方が同時に根絶やしになり、それとともにあらゆる正しさ〔権利〕が根絶

やしになるから、永遠平和は人類の巨大な墓場の上にのみ築かれることになろう、ということである。それゆえ、このような戦争は、したがってまたそうした戦争に導く手段の使用は、絶対に禁止されなければならない。*15

「殲滅戦」を避けるべきことが理由の要になっているが、さらにそれを避けるべきである理由を二つ読み取ることができる。一つは、殲滅戦そのものが戦争というものの本性からして正当化不可能であるということ、もう一つは、殲滅戦の結果はこのうえなく悲惨なものであり、とうてい受け入れることができない、ということ。

戦争は、国家間に主張の対立が生じた場合に、それを法的に裁く権限をもつ機関が存在しない状態、つまりいわゆる自然状態において、当事国どうしが自らの主張を貫き通して対立を決着させる非常手段である。戦争に勝利した側の主張が通るが、だからといってその主張が正しくなるわけではなく、敗北した側の主張は退けられるが、だからといってその主張が誤りになるわけではない。相互に相手を不正ないし悪と決めつけることには根拠がなく、不正な敵というものもありえず、したがって懲罰戦争などというものもありえない。あえて戦争によって正・不正を決定するとすれば、それは神明裁判のようなものである。神明裁判とは、神意によって有罪・無罪を決することであり、たとえば古代の日本列島で行われていた探湯《くかたち》のようなものである。探湯とは、熱湯に手を入れさせ火傷の有無によって裁くことである。

だから、戦争を正・不正を決する手段とすることはできない。にもかかわらず、味方は正しく敵は不正であると決めつけて戦争を遂行すれば、敵を滅ぼすこと自体が戦争の目的になり、殲滅戦に陥る。ひとたび殲滅戦になれば、当事国のいずれかが滅びるまで戦争は続き、とてつもなく悲惨な結末を招く。殲滅戦はそれ自体ですでに不正であるが、さらに悲惨な結果を生みもするのであり、殲滅戦は二重の意味で避けられるべきものなのである。「天に代わりて不義を討つ」とは日本帝国陸軍を歌った戦時歌謡の一節だが、同じような標語を掲げて戦争をすることは、古今東西を問わず見られることである。しかし、戦争というものの本性からして、それはまったくの虚妄なのである。

殲滅戦の恐怖は、三十年戦争という悲惨極まりない宗教戦争（一六一八年～一六四八年）を経験したヨーロッパでは現実的なものであった。第二次世界大戦もその終末期には殲滅戦の様相を帯びたが、辛うじてどの国家も滅亡を免れた。日本は「一億玉砕」などという途方もなく愚かな標語を掲げて自ら殲滅戦を招き寄せようとしたが、危ういところで滅亡を免れた。

もちろん、プラトンの対話篇『ゴルギアス』で、ソクラテスの対話の相手であるカリクレスが主張するような〈力こそ正義〉という正義観[*16]からすれば、戦勝国こそ正義を体現していることになろう。だが、ソクラテスも指摘する通り、それは〈正－不正〉の区別を〈強－弱〉の区別に還元する論理であり、それを正当化する論拠はそう簡単に見つかりそうにない。カリクレスは、自然（ピュシス）と人為（ノモス）とを区別し、自然では力の強い者が優位に立つことが正義とされていることを論拠としているのだが、問題はまさに〈正－不正〉という人為的な区別を〈強－弱〉という自然的な性質に還元できるかどうかというところにあるのだから、カリクレスの答えはまったく答えになっていないのである。

秘密条項の禁止

最後になったが、第一条項を簡単に見ておこう。秘密条項とは公開される講和条約には明記されない、当事国の間のみで了解された事項のことである。そのようないわば密約は、往々にして、当事国以外の国々も巻き込むあたらな戦争の火種になることがあった。その事実を踏まえて提示される条項だが、同時に、カントが後に『永遠平和』の「付録」で主張する公法の公開性の原則に関連する。この原則については後で詳しく見ることになる。

このように秘密条項を禁じておきながら『永遠平和』には秘密条項があることは、序章で述べた。いったいどういうことか、これも後で見ることにしよう。

2 永遠平和のために確立すべき政治体制

以上、『永遠平和』第一章の「永遠平和のための予備条項」を考察した。それらは、戦争をなくすために各国がまずは実行すべきことを示すものであった。続いて『永遠平和』第二章の「永遠平和のための確定条項」を考察しよう。それらは戦争をなくすために確立しなければならない政治体制を示すものである。「確定条項」を理解するためには、法や政治に関するカントの議論を参照する必要がある。その議論は、最晩年の作品『人倫の形而上学』第一部「法論の形而上学的定礎」（以下「法論」と略記）を中心とするいくつかの作品で展開される。以下では、それらの作品も適宜参照することになる。

戦争状態＝自然状態から法治状態＝市民状態へ

第二章は次のような文言で始まる。

> 隣りあって生活する人間の間の平和状態は自然状態（status naturalis）ではない。自然状態とは、むしろ戦争状態である。すなわち、それはたとえ敵対行為がつねに発生している状態ではないにしても、敵対行為によってたえず脅かされている状態である。それゆえ、平和状態は創設されなければならない。というのも、敵対行為がなされていない状態は、まだ平和状態の保障ではないし、隣人どうしの一方が他方にその保障を求めたのに、他方から保障が与えられなければ（こうした保障は、法治状態の下でのみ生ずることができるのであるが）、彼はこの他方の隣人を敵として扱うことができるからである。*17

人間の自然状態は戦争状態であり、それを脱するために平和状態が創設されなければならず、平和状態を保障するものは法治状態（法的状態）をおいて他にはない、というのである。

この一節から、カントがいわゆる社会契約論の系譜に属することは、明らかだろう。社会契約論は、一七世紀にトマス・ホッブズやジョン・ロックが提唱し、一八世紀にジャン＝ジャック・ルソーが論じた、国家に関する哲学的理論である。法や政治をめぐるカントの思想も、社会契約論の系譜に位置づけることができる。社会契約論の内容は論者によって異なるが、共通の特徴として、国家という法治状態が成立する以前の状態、すなわち自然状態の想定から出発することを挙げることができる。ホッブズは自然状態を「万人の万人に対する闘い」と想定し、その悲惨な状態を回避するためには絶対的な権力をもった国家が必要だと考え、各人は自らの自然権（生得的な権利）をすべて国家に譲渡する契約を結ぶべきだと論じた。そして、その絶対的な権力をもつ国家を旧約聖書に登場する怪獣リヴァイアサン〔レヴィアタン〕に準え、『リヴァイアサン』[*18]を書いた。

それに対して、ロックは、自然状態を、牧歌的な平和の中で各人が自然権を享受するが、それが保障されない状態として想定し、各人の権利を保障するために各人は自らの権利の一部を国家に信託する契約を結ぶべきだ、と『統治二論』[*19]で論じた。国家がその契約に反して、人々の権利を保障することができない場合、人々は信託した権利を取り戻し、政府を交代させることができる、つまり抵抗権ないし革命権をもつ。

カントの自然状態の想定は、いずれとも異なる。カントは、自然状態においても所有権は成立しはするが保障されないとし、人々は所有権を保障するために法治状態すなわち国家を創設する契約を結ばなければならない、と論じている。自然状態において各人の所有権が保障されないのは、各人が自らの権利〔正しさ〕を主張して争いが生じたとき、誰にどれだけの権利〔正しさ〕があるかを公正に判定する手段がないからである。それゆえ、自然状態においては各人の所有はたんに暫定的なもの（「暫定的占有」）に留まり、法治状態においてはじめて確定的なもの（「確定的占有」）になる。法治状態を創設する契約をカントは「根源的契約（原初的契約）[*20]」と呼んだ。「法論」で次のように論じられている。

したがって、法の概念をすべて放棄しようというのでないならば、第一に決定すべきは次の原則だろう。すなわち、各人が思い思いにふるまう自然状態から脱却して、他のすべての人々とともに（…）、公的法則による外的強制に従うよう統合されなくてはならない、したがって、誰に対しても、自分のものと承認されるべきものが法則によって規定され、十分な権力（それは自分のではなく外的な権力である）によって配分される状態に入らなくてはならない、つまり、なにはともあれ市民状態に入らなくてはならない、ということである。*21

ここでは、法治状態は市民状態とも呼ばれている。人々が契約を結んで法治状態すなわち市民状態を創設する動機は、ホッブズの場合は悲惨な戦争状態を避けたいという欲求だが、カントの場合は理性をもつ限り人間に課せられる義務である。法治状態を創設する理由は戦争に対する恐怖でも、戦争が招来する悲惨な結果に対する嫌悪でもなく、ただただ義務なのである。これはカントの社会契約論の際立った特徴だと言えるだろう。

法の概念からは共和制が帰結する

しかし、カントによれば、法治状態でありさえすればどんな形態のものでもよい、というわけではない。たとえば独裁的な法治状態は、無法状態あるいは無政府状態よりはましだが、あるべき法治状態とは言いえない。あるべき法治状態は共和的な法治状態、つまり共和制である、とカントは考える。なぜなら共和制は法という概念からおのずと帰結する政治体制であり、法という概念にもっとも適合した政治体制だからである。だが、なぜそう言いうるのか。それに答えるためには、カントが共和制ということで、また法ということで何を考えているのかを明らかにしなければならない。

カントの考える共和制とは、市民の自由と平等が保証され、市民が共同で立法する法によって統治される政治体制のことである。では、なぜそれが法という概念に適合しているのか。カントによれば、「法とは、ある人の選択意志が他の人々の選択意志と自由の普遍的法則に従って調和させられうるための諸条件の総体である*22」。

「選択意志」とは耳慣れない日本語だが、訳語としてよく用いられるので、簡単に解説して、そのまま使うことにしよう。ドイツ語の原語はWillkürである。前節で「目的自体」としての人格という概念を考察した際に、人は、目的を立て、そのための手段を考えて行為する自由で理性的な行為主体である、とカントが考えていることを見た。各人は各人の目的とその手段を選択し、それを実現すべく行為する。言い換えれば、人は生きていく中で、何を食べ、飲み、着るか、どこに住み何を生業とするか、誰とどのような人間関係を築くか、どのような政策を支持しどのような社会を目指すか、大小さまざまな選択を行う。そのさまざまな選択が積み重なって、その人の生き方が形成される。意のままにならないことも多いが、自らの意志で決定できることも多い。そのように決定し行為する能力が選択意志と呼ばれるのである。

そして、自分の意志で決定し、行為するとき、われわれはふつう自らが自由に決定し、行為していると思っている。つまり、われわれは自由な選択意志をもっている。だが、われわれが自由な選択意志に基づいて行為するとき、われわれは互いに衝突しあうことがあり、互いに折り合いをつけなければならないことがある。その折り合いを正しくつける規則が法である、とカントは主張しているのだと考えてよいだろう。

ちなみに、その折り合いを正しくつけるのは、法だけではなく道徳でもある。その点で法と道徳は共通点をもつ。しかし、法と道徳は重要な点で異なる。カントによれば、道徳においては、正しく行為する動機は、どこまでもその行為が正しいことそのことにあるのでなければならない。つまり、正しい行為は内発的な動機に基づくときにのみ、真の道徳的な価値をもつ。それに対して、法においては、正しく行為する動機は内発的なものである必要はなく、外発的なものでもよい。たとえば、約束（契約）を守ることは正しいことだが、それを実行するのに、約束を守るのは正しいことだ（あるいは契約を破るのは不正なことだ）ということとそのことを理由とすることもできれば、約束を破った結果信用を失うのは怖い、「嘘つき」と非難されるのは嫌だ、契約違反で告訴されるのは困る、といったことを理由とすることもできる。理由はどうであれ約束（契約）を守ることは法的に見れば正しい行為であり、その点で違いはないが、道徳的に見れば前者のみが価値をもつことになる。

さて、先にも見たように、カントによれば、各人が誰か他の人の強制によって妨げられることなく、自由に選択をし、自由に生き方を決定することは、一定の条件を満たす限り人間の根源的な生得的権利である。その一定の条件とは「普遍的法則に従ってあらゆる人の自由と共存しうる」ことであった。これは、カントが「法の普遍的原理」と呼ぶものに他ならない。「法の普遍的原理」は次のような定式で言い表される。

行為そのものが、あるいはその行為の格率に則して見た場合に各人の選択意志の自由が、あらゆる人の自由と普遍的法則に従って共存しうるならば、その行為は正しい。[*23]

複雑でわかりにくい文だが、要するに法的に正しい行為とは、他のあらゆる人々の自由と共存しうる行為だということである。[*24]

このように、法とは、自由で平等な人々が、その自由と平等とを享受しつつ共存するためにある。それゆえ、法の概念にもっとも適合した、あるべき法治状態の形態は共和制だと言われるのである。以上のような法治状態に関する見解を踏まえて、各々の確定条項は論じられることになる。順を追って見ていこう。

確定条項は次の三つであり、第一条項は国内体制に、第二条項は国家間体制〔国際体制〕に、第三条項は世界市民体制に、それぞれ対応している。

第一確定条項　国家における市民体制は、共和的でなければならない。
第二確定条項　国際法は、自由な諸国家の連合制度に基礎をおくべきである。
第三確定条項　世界市民法は、普遍的な友好を促す諸条件に制限されるべきである。

3 平和のための国内体制——第一確定条項

共和制は戦争を防止する

第一確定条項は次のように説明される。

各国家における市民体制は、共和的でなければならない。

第一に、社会の成員が（人間として）自由であることに関する諸原理、第二に、すべての成員が唯一で共同の立法に（臣民として）従属することに関する諸原則、第三に、すべての成員が（国民として）平等であるという法則、これらに従って設立された体制——これは根源的契約の理念から生ずる唯一の体制であり、この理念に国民の合法的なすべての立法が基づいていなければならない——こうした体制が共和的な体制である。それゆえ、この体制は、法に関する限り、それ自体であらゆる種類の市民体制の根源的な基盤である。そこで問題はただ次のことだけである。この体制は、永遠平和へと導くことができる唯一の体制でもあるのか。[*25]

共和制は、市民の自由と平等が保証され、市民の共同的立法によって統治される体制であり、法治状態の根源的契約から帰結する唯一の体制であることは、すでに確認されている。そのうえで、カントはさらに、共和制が永遠平和を実現するための唯一の体制でもあるかどうか、と問うている。その答えは「永遠平和への期待に沿った体制である」というものだ。永遠平和を実現するための唯一の体制でもなければ、それを保証する体制でもないかもしれないが、それに貢献することが期待される体制だということだろう。その理由は次のように述べられる。

戦争をすべきかどうかを決定するために、この体制の下では、（それ以外の道はありえないが）国民の賛同が必要となる場合に、国民は戦争のあらゆる苦難（たとえば、自分で戦う、自分自身の財産から戦費を出す、戦争が残した荒廃をやっとの思いで復旧する、こうした災厄をさらに過重にするものとして、最後になお、平和であることすらも苦々しくさせるような、けっして完済に至らない負債を自分に引き受ける、など）を覚悟しなければならないから、こうした割に合わない賭けごとを始めることにたいへん慎重になるのは、きわめて当然のことである。[*26]

それに対して、「臣民が国民ではないような体制、つまり共和的ではない体制」においては、「元首は国家の成員ではなくて、国家の所有者であるから」ささいな理由から軽率に戦争を始めることができる、とカントは続ける。たしかに、現代の民主主義国においても議会が承認しなければ開戦することはできないし、戦争のための出費や戦争による人的・物的損失のことを考えれば、議会はそう簡単に開戦を承認しないことはたしかだろう。しかし、それは共和制の国家のほうが戦争を起こしにくいというだけのことであって、共和制の国家はけっして戦争を起こさない、ということではない。

この点をめぐって、二〇世紀に興味深い政治学上の主張が現れた。民主主義国どうしは戦争をしない、という主張である。アメリカ合州国の政治学研究者マイケル・ドイルが論文「カント、自由主義の遺産、外交問題」[*27]で発表したものである。この主張は、二〇世紀でもっとも影響力のあった哲学者の一人、ジョン・ロールズが、一九九五年の論文「ヒロシマから五〇年」[*28]で、広島と長崎に対する原子爆弾投下および東京やその他の都市に対する無差別爆撃が不正であることを論じた際に、引用したものでもある。しかし、ドイルもロールズも、民主主義国は原理的に戦争をしないと主張しているわけではなく、民主主義国は戦争をしてこなかったという経験的事実を指摘しているにすぎない。カントが共和制は永遠平和を実現するための体制か、という問いを立てながら、共和制は永遠平和の期待に沿った体制だという、やや控えめな答え方をしたのはもっともである。

共和制と戦争との関係については、さらにもう一つ考えておくべきことがある。それは、ひとたび戦争が始まると、共和制国家の戦争のほうが、他の体制の国家よりも、悲惨になりうるということだ。なぜなら、議会の承認を得て遂行される戦争は「大義名分」のある戦争、正統性のある戦争であり、国民が共同で遂行する戦争だからである。君主が職業軍人を使って好き勝手にする戦争とは違って、国民が正しいと認め、国民が戦費を出し、国民が兵員となり、国民の名において遂行する戦争である。正統な戦争の目的が与えられ、国民の支持を受けた共和制国家の軍隊は、国家のために勇敢に戦い続けるだろう。フランス革命戦争において、フランス共和国が他の強力な君主国に負けなかった史実一つ見ても、それはうかがい知られよう。愛国歌「ラ・マルセイエーズ」を歌いながら進軍するフランス共和国軍は、一時は向かうところ敵なしだったのである。[*29]

民主制は独裁制か？

さて、第一確定条項の説明の中には、一見したところ、これまでの説明に矛盾すると思われる一節がある。共和制と民主制を混同してはならない、という一節である。この言明には多くの読者が首をかしげるのではないだろうか。「民主制」のドイツ語の原語は「デモクラティー（Demokratie）」であり、英語の「デモクラシー（democracy）」と同根であって、「民主主義」「民主主義国」とも訳されるものである。すると、カントのいう共和制国家とは現代のわれわれのいう民主主義国家のことだ、という先の説明に矛盾するようにも思われる。少し説明と考察を加えておこう。

カントによれば、国家の形態を区別するには二つの観点がある。国家権力を所有する人々の違いと統治方式の違いである［表1］。前者の観点によって区別される形態は「支配の形態」と呼ばれ、君主制、貴族制、民主制の三種類がある。国家権力をもつのが、ただ一人であれば君主制、盟約を結んだ数人であれば貴族制、市民社会を形成する全員であれば民主制である。それに対して、後者の観点によって区別される形態は「統治の形態」と呼ばれ、国家がその絶対権力を行使する様式に関わり、「共和的で」あるか「独裁的で」あるかのいずれかである。つまり、共和制であるか独裁制であるかのいずれかである。「共和制は、執行権（統治権）を立法権から分離することを国家原理とするが、これに対して独裁制は、国家が自ら与えた法を専断的に執行することを国家原理

支配の形態	君主制	一人が支配する
	貴族制	少数が支配する
	民主制	全員が支配する
統治の形態	共和制	立法権と執行権が分離している
	独裁制	立法権をもつものが執行権をもつ

［表1］国家形態の分類

とする」[*30]。

これら三つの支配の形態についてカントは言う。

この三つの国家形態〔支配の形態〕のうち、言葉の本来の意味で民主制と呼ばれる形態は、必然的に独裁制であるが、それは民主制が基礎づける執行権の下では、全員が一人の人間を無視して、また場合によってはその人間に反してまで（つまりその人間が賛同していないのに）決議できる、したがって実は全員ではない全員が決議できるからである。これは、一般意志が、自分自身と矛盾することであり、また自由と矛盾することである[*31]。

カントは、国民全員が自ら支配する支配形態である民主制は、必然的に独裁制に陥ると考えているようである。すると、そもそも民主主義は不可能だということにならないだろうか。これに続く一節がわずかながら解釈の手がかりになる。

つまり代表制ではないすべての統治の形態は、本来奇形であるが、それは立法者が同一の人格において同時に彼の執行者であることができるからである。こうして他の二つの国家体制もこうした統治方式への余地を残しているかぎりつねに欠陥をもつが、しかしそれでも、それらが代表制度の精神にかなった統治方式を採用することは、少なくとも可能である。たとえば、とにもかくにも、フリードリヒ二世が、自分は国家の最高の従僕にすぎない、と語ったようなしかたで可能である。これに反して、民主的な国家体制はそれを不可能にするが、というのも、そこでは全員が主人であろうとするからである。[*32]

これを受けて、カントは次のようなことすら言う。「共和制の可能性にもっとも合致した支配形態は君主制であり、君主制は漸進的な改革を通じて、ついには共和制にまで高まることを期待できる」。それに対して、共和制を実現することは、貴族制の場合は君主制よりも困難であり、民主制の場合は「暴力革命による以外は不可能である」[*33]。

これらの言説を見るに、カントは二つの観点から民主制を批判しているように思われる。一つは、立法権と執行権が分離していない体制は共和制ではなく独裁制である、という観点。もう一つは、共和制を実現するためには、君主制がもっとも適しており、民主制はまったく適していないという観点。それぞれの観点を考察してみよう。

前者の観点は、ある意味では当然である。立法権と執行権が同一の行為主体に帰属していることは、独裁制の定義のようなものだからだ。しかし、国民全員が立法し国民全員が執行するのであれば、それこそ自治であり共和制の理念に適っている、とも言えそうである。つまり、立法権と執行権が同時に一人の人や少数の人々に帰属していれば、紛れもない独裁制だが、全員に帰属しているとすれば、独裁制とは言えないのではないか。

そこで一つの解釈として考えられるのは、カントがここで問題にしているのは多数派による独裁だというものである。ルソーは「一般意志」を「全体意志」から区別し、「一般意志」はつねに全員の意志と一致すると見なしたが、それはたんなる理想であって現実にはありえない。「一般意志」は結局「全体意志」であって、少数派を抑圧して成立するのであり、そのことを自覚し少数派を擁護する仕組みをもたない体制は、容易に独裁制に転化する。*34 そして、立法権と執行権が分離していない体制では、多数派の独裁はいっそう容易に起こりうる。それゆえ、共和制にもっともふさわしいのは、全員で立法し代表者が執行するという体制である。

ここで気をつけなければならないのは、ここに言う代表制は執行における代表制のことであって立法におけるそれではない、ということだ。つまり、ここで言われているのは代議制のことではない。カントのいう共和制の理念に基づく限り、立法は全員で行われるべきであり、たとえ代議制を採ったとしても、それは代表者を通じて全員が立法するものと見なされなければならないことになるのである。

後者の観点は、共和制の国家がまだ成立していない状態を前提とし、そこに共和制を樹立するにはどの支配形態が適しているか、というものだと考えられる。フリードリヒ二世が引き合いに出されていることからもわかるように、カントがまず念頭に置いているのは祖国プロイセンである。プロイセンのような独裁制国家が共和制国家になるためには実は現行の君主制のままであるほうが都合がよい、とカントは主張していると解釈することができる。その理由は明らかである。カントは暴力革命ではなく漸進的改革によって共和制を樹立する道が、共和制への唯一の正しい道だと考えているのである。それを実現するためには、君主が率先して、いわば上からの改革を進めるほうが好都合である。

いずれの観点から考えるにせよ、カントはある種の立憲君主制国家を共和制国家の理想としていたことになるし、実際そう評価されることもある。しかし、共和制をめぐるカントの主張を総合的に見ると、そう簡単に断定することはできない。

まず、カントの言う共和制の君主国においては、君主は国民による立法に従い、その制約の下でのみ統治を行うことになる。君主は、立法権と分離された執行権のみをもつ、いわば行政の長にすぎないのである。しかも、カントは「法論」において貴族的地位の世襲を明確に否定している。そうだとすれば、君主は大統領や総理大臣とそう変わらない身分だということになろう。

また、カントは、君主によるいわば上からの改革のみに期待し、民衆による改革は無用と考えていたわけではない。たしかに『永遠平和』にもそれ以外の著作にも、国王フリードリヒ二世を高く評価する言説が散見される。フリードリヒ二世のような開明的な君主による上からの啓蒙により、漸進的な社会改革が進むともカントは考えていたが、それだけに期待していいのではない。それは、たとえば論文「啓蒙とは何か、という問いへの答え」(以下「啓蒙とは何か」と略記)で民衆が公共的な言論の自由を行使することによって、互いに啓蒙しあうことが可能でありまた必要であることが説かれていることからも、明らかである。この点は、第2章でさらに詳しく見ることになるだろう。

4　平和のための国際体制——第二確定条項

世界共和国ではなく諸国家連合

第二確定条項は次のように説明される。

国際法は、自由な諸国家の連合制度に基礎をおくべきである。

諸国家としてまとまっている諸国民〔諸民族〕[*35]は、個々の人間のように評価されうる。すなわち諸国民〔諸民族〕は、その自然状態においては（つまり外的法則の従属下にない場合には）、互いに隣りあっているだけですでに害を与えあっているのであり、それらの国家はいずれも、自らの安全保障のために、それぞれの権利が保障されうるような市民体制に類似した体制に入ることを、他方に対して要求することができるし、また要求すべきである。これは諸国家連合ではあろうが、諸国民〔諸民族〕合一国家ではないであろう。そのような国家には、むしろ矛盾があることになろう。なぜなら、どの国家も上位の者（立法する者）の下位の者（従属する者、すなわち国民）に対する関係を含むが、もしさまざまに異なる国民〔民族〕が一つの国家にまとまってただ一つの国民を形成するとすれば、それは前提に矛盾するからである（というのも、さまざまに異なる国民〔民族〕がそれぞれ異なった国家を形成すべきで、一つの国家に融合すべきではない限り、われわれはここでは諸国民〔諸民族〕相互間の法を考察しなければならないから*36。

諸国家も諸個人と同様に、互いの権利を保障しあうために自然状態から脱して市民状態に入るべきだというわけである。そして、それは「諸国家連合」であって「諸国民〔民族〕合一国家」すなわち世界国家ではない、と言う。

しかし、この議論は明らかにおかしい。なぜなら、すでに見たように、根源的契約によって自然状態から脱して市民状態に入るとき、その市民状態とは国家のことだからである。したがって、樹立されるべきは、諸国家から成る世界国家であり、完全な法治状態が共和制だとすれば、世界国家は世界共和制国家つまり世界共和国でなければならない。「法論」の結語に見られる次のような力強い戦争否定宣言も、そういった文脈の中で理解するのが適切であろう。

自然状態にあるわたしとあなたとの間であろうと、内的には法則に従う状態にあっても外的には（相互の関係において）法則のない状態にある諸国家としてのわれわれの間であろうと、戦争はあるべきではない*37。

にもかかわらず、カントは第二確定条項の説明全体にわたって、世界共和国ではなく諸国家連合でなければならない、と繰り返し説いている。なぜだろうか。これは『永遠平和』を読む人が遭遇する最大の問いの一つだと言ってよいだろう。そして、この問いがいっそう重みを増すのは、カントの哲学全体を通して繰り返し登場する「世界市民体制」という理念に注目するときである。世界市民体制とは世界共和国に他ならないが、カントはその世界市民体制を「究極目的」とも呼んで、きわめて高い価値を与えているのである。それならば、永遠平和を実現するための地球規模の体制としては、世界共和国が目指されて当然ではないか。

カントが、自由の共存を法治状態つまり市民体制の原理だと考え、国内でも国家間でもその体制が実現するべきだと考えていたことは、先ほど見た。それは『永遠平和』を書くずっと前からのことで、たとえば、論文「世界市民的見地から見た普遍史の理念」（一七八四年）に次のような一節がある。一七八〇年代といえば、カントが『純粋理性批判』をはじめ主だった作品を次々に発表し、精力的に仕事をしていた時期である。

> 自然が解決を迫っている人類最大の問題は、普遍的に法を司る市民社会を実現することである。というのも、社会の中でのみ、それも次のような社会の中でのみ、自然の最高の意図すなわちあらゆる自然素質の発展は人類として達成されうるからである。すなわち、最大の自由がある社会、つまり、その成員がいたるところで敵対関係にありながらも、他の人々の自由と共存しうるように、その自由の限界をきわめて厳密に規定し保証する社会である。——ただそのような社会の中でのみ、自然の最高の意図、すなわち自然のあらゆる素質の発展が、人類において達成されうるのだから、自然はまた、人類がこの自然の最高の意図を、自分で定めたあらゆる諸目的とともに、自ら達成することを欲している。だから、外的法則のもとにある自由が、誰

も抵抗できない力と最大限結びついている社会、すなわち完全に正義に適った市民体制こそ、自然が人類に与える最高の課題でなくてはならない…。*38

自然の意図や目的といった、カントの歴史哲学に特徴的なことが述べられているが、それについては第3章で考察することにして、ここでは市民体制に関する主張に焦点を絞りたい。自由の共存という法の原理に適った市民体制を樹立することこそ、人類の最大の課題である、とカントは言うのである。この課題は個々の国家のレベルでも果たされるべきだが、それだけではない。

完全な市民体制を達成するという問題は、合法的な対外的国家間関係という問題に左右されるから、この後者の問題を別にしては解決されない。*39

人類の歴史全体は、一般に、自然の隠された計画の遂行と見なすことができるが、その計画は、自然が自らのあらゆる素質を人類において完全に発展させうる唯一の状態として、完全な国内体制を実現し、この目的のためにさらに完全な国外体制〔国家間体制〕を実現することである。*40

ここにいう完全な市民体制とは世界共和体制に他ならないはずである。しかし、ここから論述は人類の完全な「市民的連合」へと進んでいく。ここでもまた、カントが構想する世界市民体制とは、世界共和国ではなく諸国家連合なのである。

世界共和国が求められるのでは?

すでに見たように、諸国家も諸個人と同様に、互いの権利を保障しあうために自然状態から脱して市民状態に入るべきだという主張から自然に帰結するのは、世界共和国を樹立すべきだということであろう。同じことはカントの所有論にも見て取ることができる。少々長くわずらわしい論述になりそうだが、後の考察にも役立つので、カントの所有論を概観しておこう。

カントの所有論の基本的な前提は、地表が有限な一つの球面であるために、人類は地表を共有しているということである。これをカントは「法論」で土地の「根源的共有」または土地の「根源的共同占有」と呼び、次のように論じる。

> すべての人間は、根源的に(…)土地を適法に所有している。すなわち、彼らは、自然または偶然が彼らを置いたその場所にいる権利をもっている。こうした占有、つまり選択意志による、すなわち取得された、継続的占有としての占席から区別されるこの占有は、球面としての地表の上では、すべての場所が一体であるがゆえに、共同的な占有である。なぜなら、もし地表が無限の平面であったとすれば、人間はその上で分散することができるために、けっして相互に共同体を形成することもないだろうし、それゆえ、共同体が、地球上に人間が現に存在するということの必然的帰結であることもないだろうからである。——地球上におけるすべての人間

による、あらゆる法的行為に先行する（自然自身によって制定される）占有は、根源的な総体的占有（根源的共有）である。…それは、一つの実践的な理性概念であって、ア・プリオリに、人間たちが地球上の場所を法の諸法則に従って使用することができる唯一の根拠であるような原理を含んでいるのである。*41

さて、まだ所有者のいない物件（無主物）を所有する権利が生じるのはなぜか――これは哲学史上重要な問いである。この問いにロックは「労働」をもって答えた。物体を加工したり土地を耕したりするなど、物件に労働力を投下した人の所有物になる、というのである。これは「労働所有論」の名でよく知られている。だが、カントは同じ問いに「先占」でもって答えた。すなわち、先に手に入れた人に所有権があるのだ。しかし、先占によるだけではいかなる物件の所有権も確定的にならず、ただ暫定的であるにすぎない（カントの言葉遣いで言えば、確定的に取得されず、ただ暫定的に取得されるにすぎない）。ある物件の所有権が確定的になるのは、市民体制において法的に承認される場合のみである。

そうすると、土地を含むあらゆる物件の所有権は、地球規模の市民体制、すなわち世界共和国の成立をまってはじめて確定することになるはずである。カントもそれを認めていることは、「法論」の次の一節にも読み取ることができよう。

取得可能な外的な客体は、量についても質についても未規定だということが、（唯一の根源的な外的取得という）この課題の解決を、あらゆる課題の中でもっとも困難なものにしている。しかし、それにもかかわらず、外的なものは何らかの形で根源的に取得されるのでなくてはならない。というのも、すべてが派生的な取得ではありえないからである。したがって、この課題を、解決不可能なものとして、あるいはその課題自体ありえないものとして、放棄することはできない。しかし、たとえこの課題が根源的契約によって解決されるとしても、この契約が人類全体にまで拡げられないならば、取得はただ暫定的なままにとどまるだろう。*42

このように、根源的共有の状態にある地表とその上にあるあらゆる物件の所有を確定し、そうすることによって各人の自由の共存を可能にするには、世界市民体制が必要になるはずである。カントの所有論の観点から見ても、やはり世界共和国が必要だと言うことができそうである。

諸国家連合と世界共和国の間で揺れるカント

しかし、カントは世界共和国と諸国家連合の間で最後まで揺れ続ける。その揺れを如実に伝えるのが、「法論」の「国際法」の章の終わりにある次の一節である。この一節は、この問題に対するカントの総括的な答えだと思われる。

諸国民〔諸民族〕の自然状態とは、個々の人間の自然状態と同じく、法的状態に入るために抜け出すべき状態である。したがってそうなる前には、諸国民〔諸民族〕のすべての権利と、国家が戦争によって取得し保持するすべての外的なわたしのもの・あなたのものは、暫定的でしかなく、ただ〔一つの国民が国家を形成するのと類比的な〕普遍的な諸国家の同盟においてのみ、確定的と認められ、真の平和状態が成立するのである。ところが諸国民〔諸民族〕合一国家があまりにも広大に拡張されすぎると、この国家の統治は、したがってまた個々の成員の保護は、結局は不可能とならざるをえず、またそうした連合体が多数になれば、戦争状態が招来されることになる。それゆえ、言うまでもなく永遠平和（…）は実現不可能な理念ではある。しかし、これを目指す政治的原則は、つまり永遠平和への絶えざる接近に貢献するこうした諸国家の連合体を形成するという原則は、実現不可能ではない。*43

この一節の前半は、前節の最後に引いた一節と同じ論点を含んでいる。世界市民体制が成立するまではあらゆる所有権は暫定的なままであって確定的にはならない、という論点である。その限りでは、ここで主題になっているのは世界国家であるはずであり、実際「諸国民合一国家」という語句も使われている。しかし、この一節が、国際法の章に属しているという文脈から見れば、主題になっているのは、諸国家連合であるはずであり、実際「同盟」や「連合体」といった語句が使われている。いかにも混乱している。

カントはこのような諸国家の連合を常設の「諸国家会議」とも呼び「任意のいつでも解消できる集まり」とも説明している。しかし、そのような連合が所有を確定するという結論は、先に概観したカントの国家論および所有論からは導かれるはずがない。もし、その結論を認めるとすれば、諸個人を構成員とする国家も実は必要はなく、諸個人から成る「任意のいつでも解消できる集まり」である

「常設の人民会議」でのみ所有は確定し、各人の自由の共存が可能になることになる。

このようなアナキズム的な社会論は、それはそれで魅力的であり、カントの「法論」にそのような劇的な転換があったという方向で解釈を続けてみることは、たいへん興味深い試みである。それは、カントが社会契約論を根本的に読み換えようとしている、という解釈へと導くだろう。そのような試みがまったく的外れだとはわたしは思わない。しかし、そのような大転換があったとすると、それまでのカントの理論の大半は覆されることになるので、ここではその解釈は採らない。カントの議論の揺れは、この問題自体の難しさに由来するものと考えることにする。

なぜ世界共和国ではなく諸国家連合なのか

とにもかくにも、カントは世界共和国を退けて諸国家連合を採った。なぜだろうか。これは、カント哲学の研究者の間でも答えの分かれる問いであり、*44 それを考察するにはテキストの解釈をめぐるやや煩雑な議論を要するが、もう少しだけねばって考察を試みよう。カントが世界共和国を退け諸国家連合を採った理由と考えられるものは複数あり、しかもそれぞれがさまざまな解釈を許すので、一つに特定することが困難である。テキストから読み取ることのできる理由は、次の四つにまとめられるだろう。理由（一）は先に引いた第二確定条項の説明に見られる。

（一）諸国家〔諸民族〕を構成単位とする世界共和国という構想は端的に矛盾をはらんでいる。
（二）世界共和国は規模が大きすぎて統治不全に陥り、結局国家としての機能を果たしえない。

（三）主権国家が自発的に主権を委譲して世界共和国に入ることは、理論的には正しいと認められたとしても、現実的には難しい。
（四）世界共和国は究極の独裁体制になる可能性がある。

順次検討しよう。

理由（一）は、諸国家〔諸民族〕を構成単位とする世界共和国という構想は端的に矛盾をはらんでいる、というものである。ここにいう矛盾とは何か。それは、主権国家という概念から帰結する矛盾であり、「主権」の語の意味に基づく形式的なもの、すなわち、主権の上に主権を設けるのは矛盾だというものから、それぞれの国民〔民族〕が独立した国家を形成するのが望ましいという実質的なものまで、いくつかの解釈が考えられる。前者は主権国家を動かせない前提と見なせば当然帰結することである。ここでは後者の解釈を検討しておきたい。[*45]

この解釈は、カントの時代の政治状況を考慮に入れれば、言うまでもなく一定の説得力をもつ。カントの街ケーニヒスベルクと目と鼻の先のポーランドは、カントの存命中に三度の分割を経てついに地図上から姿を消したのであった。一国民〔一民族〕が国家としての独立を失うことへの複雑な思いがあったことだろう。また、カントが、クリスティアン・ゴットリープ・ミールケ編集の『リトアニア＝ドイツ語辞典』[*46]に後書きを寄稿し、少数民族の言語を教育することの大切さを説いていること、『理論と実践』で「祖国的な支配（imperium patrium〔父国的な支配、パトリオティクな支配〕）」について語っていること、これらもこの解釈を傍証する。

祖国的〔パトリオティク〕とは、すなわち次のような考え方のことである。つまり〔その国家の元首も例外ではなく〕国家に属するすべての人が、公共体は母の懐、国土は父の大地であって、自分はそこから生まれ出、またそこに生まれ落ちており、ひたすらその権利を共同意志の法によって保護するために、公共体や国土をかけがえのない担保のようなものとして子孫に残さなければならないと考え、それらを無制限に自分の好きなように利用できるように支配する権限が自分に与えられているとは考えない、という考え方である。*47

この一節は「父権的な支配（imperium paternalium）〔パターナリスティクな支配〕」を批判し、政治的公共体が人間の根源的権利である自由を守るために存在することを主張する文脈に置かれていること、したがっていわゆる共同体主義者のように特定の地域的・文化的共同体の至上の価値を主張するものではないことを忘れるべきではないが、しかし、カントが、人間の普遍的権利を守るための政治的公共体が特定の地域や文化に根差したものでもあることを認めていることは、たしかである。それぞれの国民〔民族〕が国家として独立し「祖国」をもっているべきだということ、それを、カントが主権国家の枠組みの中で永遠平和を考えようとした理由の一つと見ることは、十分可能だと思われる。

次に、理由（二）である。これは、世界共和国は規模が大きすぎて統治不全に陥り、結局国家としての機能を果たしえない、というものである。国際法の理念は独立した多くの国家が存在することを前提としており、それは戦争の原因にもなるが「他を制圧して世界王国へと移行していく一大強国のために諸国家が溶解してしまうよりも、好ましい」。なぜなら「法律は統治範囲が拡大するにつれてますます威力を失い、そして魂のない独裁政治」は「最後には無政府状態に堕落する」からである[48]、というのである。政治体が大きくなりすぎると、統治不全に陥って平和維持の機能を果たしえなくなる、ということである。これと同じようなことは、前節で見た「法論」の一節の後半でも述べられていた。

理由（三）は、次のように説明される。諸国家が戦争状態から脱するには、理性に従う限り、国家も個人と同じように、無法な自由を断念して公共的な法に従い、あらゆる国民〔民族〕を包括する世界共和国を形成するという方法しかない。しかし、諸国家は「一般論としては正しいことを具体論としては退けるから、一つの世界共和国という積極的理念の代わりに（…）戦争を防止し、常設的であり、絶えず拡大する連合という消極的代替物のみが、法を嫌悪し敵意に満ちた傾向性の流れを阻止できる[49]」のである。

理由（四）は、次のように説明される。戦争状態から脱するために、諸国家は、諸個人が国家市民体制に入らざるをえないのと同じように、世界市民体制を導入せざるをえないが、もしこのような普遍的平和の状態が「もっとも危険な独裁政治を伴うがゆえに自由というもう一つの面でいっそう危険であるならば」「共同して取り決められた一つの国際法に従う連邦という法的状態」へと入らざるをえない[50]。

以上の理由は、いずれも、一定の説得力と難点とをもっているが、ここでどれが真の理由かを判定する必要はないだろう。重要なのは、以上四つの理由は、理由（一）を除いてすべて理論的・原理的な理由ではなく実践的・現実的な理由だ、ということである。つまり、世界共和国が原理的に望ましくないということではなく、それを実現するに当たっては実践的な困難がある、ということである。そうだとすれば、諸国家連合を世界共和国へ至るための一つの過程・手段として位置づけ、世界共和国という概念に積極的な理念としての地位を認めることができるだろう。こう考えるとき、上記のうちどれが真の理由であるか決定する必要はないとはいえ、きわめて深刻だと思われる一つの理由がたしかにあり、その理由を検討することによって、世界共和国をめぐるカントの議論の理解をさらに深めることができるように思われるのである。

世界共和国という理念の地位

カントが世界共和国ではなく諸国家連合を採るのは、世界共和国は望ましくないという理論的・原理的な理由によるのではなく、世界共和国を実現するにはさまざまな困難がつきまとうという現実的・実践的な理由によるのだから、世界共和国を実現すべき理念と見なし、諸国家連合をそのための手段・過程として位置づけることができる、という解釈を示した。このわたしの解釈に対して依然として強力な反論になるのは、理由（一）を、世界の諸国民〔諸民族〕の多様性の価値と結びつけたり、あるいは諸国民〔諸民族〕の力動的な相互作用の価値と結びつけたりすることによって、世界共和国よりも諸国家連合が原理的に望ましいことを主張する解釈である。[*51] しかし、このような解釈に対しては、次のように反論しなければならない。

第一に、カントが多様性の価値または力動的な相互作用の価値を、世界共和国に反対する理由または諸国家連合に賛成する理由として明示的に論じた箇所は、見当たらない。また、カントが各々の国家の主権と独立の重要性を認めたことはたしかであり、カント哲学が総じて多元主義的であり、諸国民〔諸民族〕の多様性の価値を認めていることもたしかである。しかし、両者を直接的につなぐ議論は、カントのテキストの中には見出されない。第二に、その解釈を採れば、世界共和国のみならずそもそも共和制国家というものの価値を否定することになり、最終的にカントの法哲学の基本的主張に反することになる。

すでに見たように、共和制国家は、個々人の根源的権利である自由を保障し、独立と平等とを保障するために、すべての人々が共同の法に服することによって成立する政治体制である。このような体制は、個々人の多様性を尊重し個々人の力動的な相互作用を尊重することを前提とするのである。世界共和国についても、それが共和制である限り、同じことが言えるはずである。このように、世界共和国は、少なくとも原理的には、諸国民〔諸民族〕の多様性や力動的な相互作用を尊重することとは矛盾しない。そこに矛盾が生じるという議論は、カントの言う共和制国家に関する根本的な誤解を、したがってまたカントの法哲学に関する根本的な誤解を含んでいると言わざるをえない。

もちろん、共和制国家の機能不全によって、諸国家の多様性や力動的な相互作用が尊重されない事態が生じることを予想することができる。しかし、それは個々の共和国にも世界共和国にも共通の課題であり、また、原理的な問題ではなく実践的な問題であって、世界共和制そのものを否定する理由にはならない。

以上の考察を踏まえ、カントが世界共和国を退けた理由のうち（三）が、カントがもっていたあるきわめて現実主義的な認識と結びつくとき、決定的なものになる、とわたしは考える。その認識とは、法的状態としての国家の創設は何らかの力による強制、いわば原初の暴力によらなければ困難だというものである。この認識がもっとも明確な形を取るのは、『永遠平和』の付録「永遠平和という見地から見た道徳と政治との不一致について」においてである。そこで、カントは、道徳をたんなる理論にすぎないと見なす政治的実践家を批判して理論と実践の一致を説きつつ、しかしそういった政治的実践家の現実主義的な主張の前提自体は正しいことを認めている。

明らかに、すべての人間が個々に、自由の諸原理に従って、法的体制の下に生きることを意欲しても（…）、この目的のためには不十分であって、さらにすべての人間が共にこの状態を意欲するという困難な課題の解決が必要であり、それによってはじめて市民社会の全体が成立するのである。それゆえ、誰も単独では共同社会的な意志を実現することはできないから、それを実現するには、すべての人々の個別的な意志の相違を越えて、さらにそれを合一させる原因が付け加わらなければならない[52]。だから、理念を（実践において）実行するにあたっては、法的状態の開始は力による開始以外はあてにできないのであって、公法はこうした力の強制に基づいて、後になって成立するのである[53]。

しかし、カントは何らかの力の強制による平和を認めない。そのような力による平和を認めれば、先に見た、強国が「世界共和国」ならぬ「世界王国」をつくる恐れがある、ということももちろんある。しかし、そもそも外的な力の強制に訴えることそのことが「根源的権利」としての自由の共存という法の原理に反し、したがって純粋実践理性の理念に反するのである。したがって、永遠平和の樹立は、自由な諸国家からなる常設的な「諸国家会議」としての「国際連合」による「漸進的改革」という非暴力的な手段による他はないのだ。この点は第3章で、政治と道徳の関係の問題としてさらに検討することになろう。

5 世界市民の法と権利——第三確定条項

世界市民の権利は訪問権のみ?

第三確定条項は次のように説明されている。

世界市民法は、普遍的な友好を促す諸条件に制限されるべきである。

ここでも、これまでの条項と同じように、問題とされているのは人間愛〔人類愛〕ではなく、権利であって、友好(よい待遇)と言っても、それは外国人が他国の土地に足を踏み入れても、それだけの理由でその国の人間から敵意をもって扱われることはない、という権利のことである。その国の人間は、外国人の死を招くような結果にならなければ、その人間を退去させることもできる。しかしその外国人が、他国の地で平和にふるまうかぎり、敵対的な扱いを受けることがあってはならない。だが外国人が要求できるのは、客人の権利（この権利を要求するには、彼を一定の期間家族の一員として扱うという、好意ある特別な契約が必要となろう）ではなくて、訪問の権利であるが、この権利は、地球の表面の共同所有の権利に基づいて、互いに交際を申し出ることができるという、すべての人間に属している権利である。地球の表面は球面で、人間はこの地表の上で無限に分散していくことはできず、結局は並存して互いに忍耐しあわなければならないが、人間はもともと誰一人として、地上のある場所にいることについて、他の人よりも多くの権利をもっているわけではない。*54

国内法と国際法に加えて世界市民法が語られている。これはとても興味深い。「友好」の原語は「ホスピタリテート（Hospitalität）」で、英語の「ホスピタリティ（hospitality）」と同根であり、「歓待」という訳語が当てられることもある。それは「人間愛〔人類愛〕」の問題ではなく「権利」の問題だというところが重要である。外国人が敵対的に扱われないということは、外国人が当然のこととして要求できる権利であり、受け入れ国の人々にとっては当然の義務であって、受け入れ国の人々の善意や親切に依存するものではない、ということである。

この条項だけを読めば、誰しも「世界市民法〔権〕」という実に画期的なことが語られていながら、それが「友好」の権利ないし「訪問」の権利に「制限されるべき」だという、何とも消極的なことが語られているところに、戸惑いや不満を感じることだろう。世界市民の多様な権利がもっと積極的に語られてもいいのではないか、と。

　しかし、その理由の一つは本章のこれまでの考察からすでに明らかである。カントは、永遠平和のための政治体制を世界共和国ではなく諸国家連合を基礎として構想しているのである。世界共和国であれば、訪問権に限らず、生命、財産、自由に関わる他のさまざまな世界市民の権利が、世界共和国によって保障されるだろう。しかし、諸国家連合ではそれらを保障するのは各国家であり、外国でそれらの権利が保障されるためには、諸国家の間での取り決め、つまり国際条約が必要である。簡単に言えば、各国家の発給する旅券をもっていなければ、市民の権利は保障されないのだ。これでは、現行の国際法とほとんど変わりがなく、世界市民法の有難味がないようにも思われる。

　だが、それでも一つの世界市民の法・権利を認めたことには、画期的な意義があると言いうるのではないだろうか。人間は人間である限り、地球上のどこにいてもいい権利をもっている。その理由は、有限な地表は人類全員のものだというところにある。これは、先にカントの所有論で見た、地表の「根源的共有」ないし「根源的共同占有」という論理とまったく同じである。

　さて、カントが世界市民の権利を制限した理由と見なされるものが、もう一つある。ヨーロッパ列強の植民地主義に対する批判である。第三確定条項に続く一節で、カントは植民地主義を次のように痛烈に批判している。

　ところで、われわれの大陸の文明化された諸国家、特に商業活動の盛んな諸国家の非友好的な態度をこれと比較してみると、彼らが他の土地や他の民族を訪問する際に（訪問することは彼らにとって、そこを征服することと同じことを意味するが）示す不正は、恐るべき程度にまで達している。

…しかもこれらすべてを行っているのは、敬虔について空騒ぎし、不正を水のように飲みながら、正統信仰で選ばれたものと見なされたがっている列強諸国なのである。[*55]

誰もが地球上のどの地域をも訪問する権利をもつが、その地域をわがもの顔に利用する権利はない——それを世界市民権の制限は表しているのだ。ちなみに、この一節でカントは当時の中国と日本の対外政策に触れ、中国がヨーロッパ諸国の来航は許したが入国は許さず、日本がヨーロッパ諸国のうちオランダのみに来航を許し、しかも活動する地域を厳しく制限した措置は、賢明だったと述べている。[*56]

しかし、先に検討したように、諸国家連合を通じて世界共和国へと漸進的に近づいていくという構想をカントがもっていたとすれば、世界市民の法・権利にはもっと豊かな内実を与えることもできるのではないだろうか。この点については、第3章でさらに考察することにしたい。

＊1　山室信一、『憲法9条の思想水脈』、第二章
＊2　アベ・ド・サン＝ピエール、『サン - ピエール　永久平和論Ⅰ・Ⅱ』
＊3　ジャン＝ジャック・ルソー、『サン＝ピエール師の永久平和論抜粋』（『ルソー全集』第四巻）
＊4　ジャン＝ジャック・ルソー、『永久平和論批判』（『ルソー

全集』第四巻)

*5 「世界永遠平和の計画」の草稿は、カントの『永遠平和』より早く一七八六年から一七八九年の間に書かれ、内容的にも形式的にも、国際連盟の原型になった合州国大統領ウッドロー・ウィルソンの十四カ条の講和原則に直接的な影響を与えていると考えられる。篠原初枝、『国際連盟』、序章

*6 山室信一、『憲法9条の思想水脈』、第二章、麻生多聞、『平和主義の倫理性』

*7 『カント全集』一四巻、二五六―二五七ページ(VIII 343-346)

*8 『カント全集』一四巻、二五四―二五五ページ(VIII 345)

*9 『カント全集』一一巻、五八ページ(VI 237-238)

*10 『カント全集』一一巻、五八ページ(VI 237)

*11 『カント全集』七巻、六五ページ(IV429)

*12 『カント全集』七巻、六五ページ(IV429)

*13 『カント全集』一四巻、二五三ページ(VIII344)

*14 『カント全集』一四巻、二五六ページ(VIII 346)

*15 『カント全集』一四巻、二五七―二五八ページ(VIII 346-347)

*16 プラトン、『プラトン　ソクラテスの弁明ほか』、二九六―三〇八ページ

*17 『カント全集』一四巻、二六〇―二六一ページ(VIII 348-349)

*18 トマス・ホッブズ、『リヴァイアサン』

*19 ジョン・ロック、『完訳　統治二論』

*20 『カント全集』一一巻、一五八ページ(VI 315)

*21 『カント全集』一一巻、一五三ページ(VI 312)

*22 『カント全集』一一巻、四八―四九ページ(VI 230)

*23 『カント全集』一一巻、四九ページ(VI 230)

*24 カントが「自由」ということで考えていることは、しかし、これだけではない。自由はカント哲学のもっとも重要な主題であり、さまざまな観点から論じられている。それらを包括的に解説するのは本書の課題ではないが、カントが、他の近世の哲学者たちと同様、決定論と自由の矛盾の問題に取り組んだこと、選択意志の自由の他に自律の自由を重視したことだけは言い添えておこう。自律の自由とは、たんなる自己決定の自由のことではなく、自ら道徳法則を立ててそれに従うという、意志の自由のことである。

*25 『カント全集』一四巻、二六二ページ(VIII 349-350)

*26 『カント全集』一四巻、二六二ページ(VIII 351)

*27 Michael Doyle, "Kant, Liberal Legacies, and Foreign Affairs"

*28 John Rawls, "Fifty Years after Hiroshima"

*29 この点については、次の文献から示唆を受けた。加藤尚武、『戦争倫理学』、第八章

*30 『カント全集』一四巻、二六五ページ(VIII 352)

*31『カント全集』一四巻、二六五－二六六ページ（VIII 352）
*32『カント全集』一四巻、二六六ページ（VIII 352-353）
*33『カント全集』一四巻、二六六ページ（VIII 353）
*34 ハウケ・ブルンクホルスト「人権と主権――二律背反か?」
*35 原語はVolk。ドイツ語のVolkは日本語の「民族」「人民」「国民」の意味を重ねもつため日本語訳が難しいが、もともと言語や文化を共有する民という意味合いがある。本書が扱うカントのテキストの範囲内では「国民」と訳して差し支えないことが多いが、場合によって「民族」を括弧つきで添えることにする。
*36『カント全集』一四巻、二六八ページ（VIII 354）
*37『カント全集』一一巻、二〇七ページ（VI 354）
*38『カント全集』一四巻、一〇ページ（VIII 22）
*39『カント全集』一四巻、一二ページ（VIII 24）
*40『カント全集』一四巻、一六－一七ページ（VIII 27）
*41『カント全集』一一巻、九〇ページ（VI 262）
*42『カント全集』一一巻、九五－九六ページ（VI 266）
*43『カント全集』一一巻、二〇二ページ（VI 350）
*44 この問題はすでにいくつかの拙論で論じた。たとえば、「カントはなぜ世界共和国ではなく国際連盟を提唱したのか」
*45 そのような議論として、谷田信一「『戦争と平和の倫理』とカントの平和論」
*46『カント全集』一三巻所収。
*47『カント全集』一四巻、一八八ページ（VIII 291）
*48『カント全集』一四巻、二八七ページ（VIII 367）
*49『カント全集』一四巻、二七三ページ（VIII 357）
*50『カント全集』一四巻、二一九ページ（VIII 310-311）
*51 そのような解釈として次のものが挙げられる。福谷茂、「批判哲学としての永遠平和論――カント永遠平和論研究序説」。この論考は、多様な民族の力動的な関係からなる世界秩序と、諸学派の生き生きした「闘争的体制」というカントの批判哲学の根本性格との類比関係に着眼しており、たいへん興味深いが、本文で論じる通り、カントの国家論と齟齬をきたす。
*52 原語はGewaltであり、「実力」「暴力」などと訳すこともできる。
*53『カント全集』一四巻、二九二－二九三ページ（VIII 371）
*54『カント全集』一四巻、二七四ページ（VIII 357-358）
*55『カント全集』一四巻、二七五－二七六ページ（VIII 358-359）
*56「日本」はドイツ語でも英語と同じくJapanと綴り、「ヤーパン」と読むが、それにカントがNiponと添え書きしているのが興味深く、また微笑ましい。

第2章

永遠平和への鍵としての世界市民

『永遠平和のために』を理解するための鍵の一つである「世界市民」は、
カント哲学全体を理解するための鍵でもある。
本章では、その「世界市民」概念の歴史を概観し、
この概念が内包する問題を検討しながら、
世界市民的意味での哲学をカントが目指していたことを確認したい。
そして、カントの時代には存在していなかった、
現代社会に生きる世界市民の姿を
カントのいう「世界市民」と重ね合わせてみる。

第1章で見た通り、永遠平和を実現する国家間の政治体制として、カントは世界共和国を退け諸国家連合を採ったが、それは、世界共和国を原理的・理論的に否定したからではなく、現実的・実践的理由から、さし当たり諸国家連合を樹立すべきだと考えたからであった。世界共和国つまり共和的な世界市民体制をあくまで理念として保持し、諸国家連合を通じてそれに徐々に近づいていくことが、永遠平和への道である。

この「世界市民」という概念は、実は、『永遠平和』にのみ見られるものではない。「世界市民」という語が題名に入っている作品「世界市民的見地から見た普遍史の理念」をすでに見た。そこでは、人間の究極目的が世界市民体制であることが主張され、「世界市民」という概念は基本的に『永遠平和』と同じ文脈で用いられている。しかし、「世界市民」は、他の作品では一見したところずいぶん趣の異なる文脈でも用いられている。それらの異なった文脈で語られている「世界市民」が実は相互に密接に連関しあっていて、カントの哲学の営み全体が、「世界市民」という概念によって、永遠平和に向けて秩序づけられている――そういう解釈の見通しをわたしはもっている。カントの哲学全体がまさに「世界市民の哲学」なのである。本章では、その見通しに沿って「世界市民」の概念を考察したい。

1　世界市民とは誰か？

「市民」とは誰か？

これまで「世界市民」という語を何の断りもなく使ってきた。だが、この語がどことなくよそよそしく、なじみにくいと感じる人は、少なくないのではないだろうか。「世界」と「市民」の組み合わせもそうだが、「市民」という語自体が、日常的な日本語の語彙の中では、すわりがわるい感がある。いや、正確に言えば「横浜市民」というときの「市民」はしっくりくるのだが、「世界市民」というときの「市民」はすわりがわるい、ということになろうか。最近「プロ市民」などという滑稽な用法までまかり通っているのは、そのせいかもしれない。市民運動の専門家というような意味らしい。

ここに言う「市民」は、ドイツ語の「ビュルガー（Bürger）」、フランス語の「シトワイアン（citoyen）」またはブルジョワ（bourgeois）」、英語の「シティズン（citizen）」などのヨーロッパ諸語の日本語訳である。この点で「自由」「権利」「個人」「社会」などの日本語の語句と事情は同じであり、江戸時代末期から明治時代初期の日本の知識人たちが苦心して考案した訳語である。いずれも今日では日本語の語彙としてすっかり定着し、日常的な語彙の一部になっているが、もともと日本語にはなかったか、まったく異なった文脈や意味で使われていた語であり、日本の近代化の中で次第に定着したものである。

「権利」という語を例に採ってみよう。英語の「ライト（right）」に相当するヨーロッパ諸語の日本語訳だが、当初は「通義」「権理」などいろいろな日本語訳が試みられた。[*1] 開国後間もなく来日したアメリカ合州国の宣教師、ジェームス・カーティス・ヘップバーン（ヘボン）の編纂した『和英語林集成』を見ても、その様子がよくわかる。その中で「権利」という訳語が最終的に定着したわけだが、今日ではすっかり日常的な語彙の一部になっている感があるにもかかわらず、実は中身のよくわからない語である。そもそも「権」と「利」という漢字の組み合わせからして原語からずれている。「ライト」はもともと「正しい」「正しいこと」「正しさ」という意味であり、「正当」「正義」などの意味を含んでいるはずだが、「権利」にはそれが含まれていない。「権」は「権勢」の「権」であり、「利」は「利益」の「利」だ。

しかし、だから「権利」という概念は日本社会には本質的になじまないものなのだ、などと言い出すのは早計だろう。それは翻訳語一般につきまとう運命であって、そのような偏狭なことを言っては、現代日本語の表現力はきわめて貧しいものになってしまうし、そもそも現代日本社会が成り立たなくなってしまう。それらの多少違和感のある翻訳語を使用しながら、共通理解をつくっていくしかないし、そうすればよいのである。そのような事情が「市民」という語にもつきまとっている。

さて、「市民」と訳されているヨーロッパ諸語は、「市民」よりも「国民」と訳すほうが日本語としては通りがよい場合も多い。実際、文脈によっては、ある特定の国家に所属する人々、ある特定の国籍をもつ人々のことであり、「国民」という意味なのである。しかし、ヨーロッパ諸語においても「市民」と「国民」とをつねに同じ「ビュルガー」や「シティズン」で表すわけではない。日本語の「国民」に相当する語としては、ドイツ語では「フォルク（Volk）」、英語では「ネーション（nation）」

もある。ドイツ語の「フォルク」や英語の「ネーション」は、時に「民族」と訳されることがある。そこにも表れているように、「フォルク」や「ネーション」は、人種的、言語的、文化的な共通性で結ばれた人々の集団を指し、「生まれ」「出自」「血統」といったものに深く関係する概念である。

それに対して、「ビュルガー」や「シティズン」はそういった共通性には直接関係なく、特定の国家を構成する国民の一人一人を指す。つまり、「市民」とは、人種、言語、文化がどうであるかにかかわらず、ある国家の構成員としての権利と義務をもつ人のことなのである。このことは、英語には他に「国家」を表す語として「ステート（state）」があることを念頭に置けば、理解しやすいだろう。「国民」という意味の「ネーション」は「国家」という意味でも用いられるが、「ステート」は「ネーション」とは違って、人種的、言語的、文化的な共通性ではなく、政治共同体としての機能に力点を置く概念である。「シティズン」とは、「ネーション」としての国家の構成員というよりも、「ステート」としての国家の構成員だと言うことができる。[*2] このような含みは、日本語の「国民」一語のみをもってしては、十分に表すことができない。

「市民」と日本語訳されたヨーロッパ諸語のもともとの意味は「都市の住民」ということである。直接的な由来は、ヨーロッパ中世に発達した都市にある。それらの都市は商業によって繁栄し、その経済力ゆえに封建時代の君主や領主から特権を認められ、自治を行っていた。市民とは封建制の時代にありながら自治を行う人々のことでもあった。自治を行うわけだから、それが一つの独立した国家となってもおかしくない。実際、ヴェネチアやフィレンツェなどのイタリアの諸都市は同時に国家でもあった。

ところで、都市が同時に国家でもあるような政治的共同体と言えば、何と言っても、アテナイやスパルタなどの古代ギリシアの都市国家が思い起こされるだろう。この古代ギリシアの都市国家も、ヨーロッパ諸語の「市民」という語と深い結びつきがある。古代ギリシアの都市国家が「ポリス（polis）[*3]」と呼ばれていたこと、それが「ポリティクス（politics 政治）」という英語の起源であることはよく知られていよう。ポリスの住人のことをギリシア語で「ポリテース（polites）」と言う。

「世界市民」という語の由来と意味

この「ポリテース」の派生形として「世界市民」という語は生まれた。「コスモポリテース（kosmopolites）」である。これは、ギリシア語で世界・宇宙を表し「秩序・調和のある統一体」という意味をもつ「コスモス（kosmos）」と「ポリテース」の合成語で、それが、ヨーロッパ諸語で使われる「世界市民」という語の起源である。英語では「コズモポライト（cosmopolite）」または「コズモポリタン（cosmopolitan）」。「コズモポリタン」は形容詞として「世界市民的な」という意味にもなる。そして、世界市民的な思想、世界市民的な思考様式や行動様式が「コズモポリタニズム（cosmoplitanism）」である。英語の標準的な発音では二つのSがどちらも濁音になるが、日本語のカタカナ表記では「コスモポリタニズム」と書かれることが多いので、以下ではそのように表記する。

「世界市民＝コスモポリテース」という語を使ったことが確認されるもっとも古い人物の一人は、古代ギリシアの哲学者、キュニコス派（キニク派）のディオゲネス（シノペのディオゲネス）である。奇行の哲学者として有名で、「狂ったソクラテス」とも綽名され、いろいろな逸話の尽きない人物であると同時に、同時代人や後代のストア派の哲学者たちの尊敬を集めた人物でもある。このディオゲネスについて、同名の著述家ディオゲネス・ラエルティオスによる『ギリシア哲学者列伝』には、ディオゲネスは、おまえはどこの都市国家《ポリス》の出身かと訊かれると、「わたしは世界市民《コスモポリテース》だと答えた」と記されている。[*4] ディオゲネスの世界市民の思想はまずはストア派の哲学者たちに受け継がれ、さらに後世の思想に世界市民の哲学の系譜を残すことになる。

　合州国の文学者・哲学者、マーサ・ヌスバウムは、愛国主義や国家主義に対する世界市民主義の優位を主張する論考「愛国主義とコスモポリタニズム」の中で、次のように述べている。[*5]「わたしは世界市民だ」と答えたとき、ディオゲネスは、自らの出自と集団帰属によって自らが規定されることを拒むつもりでそう言ったのであり、もっと普遍的な志と関心によって自らを規定しようとしたのだ、と。どの都市国家の市民であるかは、伝統的なギリシアの男性の自己イメージにとって枢要なものであったにもかかわらず、である。

　ヌスバウムによれば、キュニコス派のディオゲネスに倣ったストア派の哲学者たちは、コスモポリテースのイメージをさらに展開し、一人一人の人間は、生まれ落ちた共同体と、人間的な論議と志の共同体との二つの共同体に生きている、と主張した。後者の共同体は、「真に偉大で真に公共的な共同体であり、そこにおいてわれわれは、あれやこれやの片隅に気をとられるのではなく、われわれの国家の境界を太陽によって判断するのである」[*6]。人間の道徳的義務の源泉になるのは、このような共同体であり、たとえば正義のようなもっとも基本的な道徳的価値に関して言えば、「われわれは、全人類を、われわれと同じ市民や隣人と見なさねばならない」[*7]。

ストア派の哲学者たちは、国籍、階級、民族的帰属、ジェンダーなどが人間たちの間に障壁を立てることを許すべきではなく、どこでも人間性を認めるべきであり、人間性の根本的な要素である理性と道徳的能力に尊敬を払うべきだ、と考えたのだ、とヌスバウムは説明する。

以上のようなストア派の思想は、ヌスバウムによれば、たんに国民国家を廃棄して世界国家を創設することを主張するものではなく、もっと革新的で根本的な論点を示している。つまり、われわれが第一に忠誠を誓うべきは、各々の国家ではなく、あらゆる人間の人間性から成る道徳的共同体だ、ということである。ここにヌスバウムはカントのいう「目的の国」の原型を見る。

このヌスバウムの見方については、ストア派の多様な世界市民の思想を単純化しすぎているという批判があるようだが、それを思想史的に検証することはわたしの手に負えないし、また本書の範囲を超えている。ここで重要なのは、ヌスバウムの見る通り、カントの世界市民主義がストア派以来の世界市民の思想の系譜に連なっている、ということである。

愛国主義から世界市民主義への批判

以上のような世界市民主義の思想について、崇高な理想であり、現代世界にこそ必要な理念であり、それこそ戦争をなくすために有効な考え方である、と肯定的に捉える人もいれば、空想的で空虚な理念であり、人間の実態に合わない非現実的な考え方だ、と懐疑的に捉える人もいるだろう。さらに、自らが所属する共同体(特に国家)よりも、世界を優先すべきだというのは間違っている、あるいは個々の共同体がもつ固有性をないがしろにすることになるのでよくない、などと厳しく批判する人もいるかもしれない。

実は、ヌスバウムの論考「愛国主義とコスモポリタニズム」は、世界市民主義に懐疑的、批判的な人々と議論することを意図して書かれたものである。この論考が収められた書籍『国を愛するということ』は、まずヌスバウムの論考を掲げ、それに対する数々の論評が続き、最後にヌスバウムが回答するという構成になっている。ヌスバウムに好意的な論評もあるが、批判的な論評もあり、かなり激しい論争の様相を呈している。批判の多くは、世界市民であることを特定の共同体の構成員であることよりも重視すべきだ、というヌスバウムの基本的な主張に向けられている。世界市民主義（コスモポリタニズム）に対する、愛国主義（ナショナリズムまたはパトリオティズム）に立脚する批判である。

このような疑問や批判に共感する読者も少なくないだろう。そこで、愛国主義による批判を少し考察しておこう。

まず確認しておかなければならないのは次の点である。すでに見たように、カントは永遠平和のための世界秩序として、国家を基本単位とする国際体制を考えており、ただちに国家を解体して世界国家を構築すべきだと考えているわけではない。そして、個々の国家を構成する国民の言語や文化は尊重されるべきだと考えている。そのことは前章で確認した。特に、カントが『理論と実践』で「祖国的な」考え方について語っていることは印象的である。

カントは次のように述べていた。「祖国的な」考え方とは「国家に属するすべての人が、公共体は母の懐、国土は父の大地であって、自分はそこから生まれ出、またそこに生まれ落ちており」「公共体や国土をかけがえのない担保のようなものとして子孫に残さなければならないと考え、それらを無制限に自分の好きなように利用できるように支配する権限が自分に与えられている、とは考えない[*8]ことである。ここに言う「祖国的な」の原語は「パトリオティズム」と同根であって「愛国的な」と訳しても差し支えない。

しかし、カントにとって、その「祖国的・愛国的な」考え方は、人間の根源的権利としての平等な自由を守ることに寄与するものであって、ある特定の国家が至上の価値をもつことを主張するものではありえない。カントは、世界市民的な立場と祖国的な立場の両方の価値を認めつつ、どこまでも、世界市民的な考え方のほうが優先的だ、あるいは、基本的だと考えるのである。そして、人間の道徳の原理も世界市民的なものであり、国家を含む個々の共同体を越えて普遍的に妥当するものだ、と主張するのである。

愛国主義をめぐって

しかし、愛国主義の立場に立つ人々は、以上のような答えでは納得しないだろう。国家の意義は、人々の自由、平等、基本的権利を保障する手段以上のものだ、と反論するかもしれない。それは、理由のないことではない、とわたしは思う。そこで、愛国主義について、もう少し考えておきたい。

まず、手がかりとして、『国を愛するということ』の論者の一人、チャールズ・テイラーの所論を参照しよう。テイラーは次のように論じている。国民主権と国民の自由・平等を旨とする近代国家は、国民の間の強い共同と連帯を必要とし、そのため、国民に強い共通のアイデンティティと忠誠を要求する。[*9]そして、近代の歴史において、それを現実に提供してきたのは、主として愛国主義（ナショナリズム）である。たしかに、近代国家は国民にサービスを提供するだけの機関ではなく、国民が主体的に参加し、共同・連帯することによって成立する政治共同体であり、その動機となる共通の「何か」を必要とする。その「何か」は愛国心だ、というわけである。

その「何か」を「愛国心」と呼ぶことをわたしは好まないが、ここで問題なのはその呼称ではなく、中身である。その中身は、往々にして、その国家の言語、文化、生活習慣、風土などへの自然な愛着だと考えられている。しかし、小さな共同体ならともかく、ある国家の構成員すべてが一つの言語、文化、生活習慣、風土などへの自然な愛着を共通にもち、それによって互いに結びついていることなど、ありえない。その結びつきは、何らかの形で生み出されなければならない。その結びつきを、想像力によって生み出された共同性と見たのは、ナショナリズムの研究で知られる政治学者、ベネディクト・アンダーソンである。[*10] 近代の国民国家は「想像の共同体〔imagined community 想像された共同体〕」だ、というのである。

そして、その想像上の共同体を構成するうえでもっとも重要なものは、アンダーソンによれば、出版語である。出版された読み物を共有することによって、想像上の共同体は創出され、維持される。まさに共同の物語が紡がれていく。その出版物に使用される言語、つまり出版語は国語として整備されていく。国民に共通だと思われている文化、生活習慣、風土なども、出版語によって物語として語られ、共有されていく。[*11] このアンダーソンの所論を借りれば、ある国家の国民としてのアイデンティティも想像上の共同性に基づくことになる。

アイデンティティとは、簡単に言えば、「あなたは誰か？」という問いに対する答えのことだ。たとえばわたしは「わたしは何某の子だ」「わたしは男性だ」「わたしは教員だ」「わたしは哲学研究者だ」など家族、性別、職業、身分などにまつわるアイデンティティをもっている。それらは、わたしが誰であるかに関わるものであるから、軽重はあれ、わたしにとって大切なものだ。その中に「わたしは日本人だ」という国籍にまつわるアイデンティティ、国民としてのアイデンティティがある。

その国民としてのアイデンティティは、いわば「想像のアイデンティティ」にすぎないから価値がない、ということにはならない。むしろ、他のアイデンティティより重要だと見なされることが多い。だからこそ、愛国主義が一定の説得力をもつのである。国民としてのアイデンティティは、「想像のアイデンティティ」であり、しかも、人々がもつさまざまなアイデンティティの一つにすぎないにもかかわらず、重要なものと見なされるのはなぜか――それが問題である。

たとえば、わたしにとって出版語としての日本語、つまり国語としての日本語は、かけがえのない大切なものである。なぜなら、日本語は、わたしがもっとも自由に読み書きでき、もっともうまく他者を理解し、自己を表現することができる言語だからだ。わたしは、必要があれば英語やドイツ語でも読み書きするが、日本語のように使いこなすことはとうていできない。それゆえ、国語としての日本語にわたしは愛着を感じるし、その日本語の読み手・書き手としてのアイデンティティは、わたしにとってかけがえなく大切である。

しかし、わたしの言語的なアイデンティティは、国語としての日本語にまつわるものだけではない。母語としての言語、つまり話し言葉にまつわるものもある。わたしが生まれ育つ中で身につけた話し言葉は、日本語の広島方言であり、わたしは広島方言の話し手としてのアイデンティティももっている。そして、日本には他にも多様な母語の話し手たちがいて、その中には日本語の方言以外の言語を母語とする人々もいる。このように、言語一つとってみても多様性は顕著であり、それに応じて多様なアイデンティティがある。文化、生活習慣、風土の多様性にまつわるアイデンティティの多様性についても、言うまでもない。

しかし、その多様なアイデンティティの中で、特に近代国家としての日本にまつわるアイデンティティが重要だ、と見なされるのはなぜか。たとえば、国語としての日本語の読み手・書き手としてのアイデンティティのほうが、広島方言の話し手としてのアイデンティティより重要だ、と通常見なされるのはなぜか。それは、国家が、人々の自由、平等、基本的権利を保障するという特別に重要な役割を担っており、その役割を果たすために生み出された特別な共同性を基盤として成り立っているからである。つまり、各々の国家の重要性は、やはり、人間の自由、平等、基本的権利という普遍的で世界市民的な価値に由来するのだ。

そして、ある特定の国家の国民であることも含めて、各々の人のアイデンティティが尊重されなければならない理由も、一人一人が人間として尊重されるべきだという、普遍的で世界市民的な道徳の原理に由来する。日本語の読み手・書き手としてのアイデンティティがわたしにとってかけがえのないものであるのと同じように、ヌスバウムにとっては英語の読み手・書き手としてのアイデンティティが、カントにとってはドイツ語の読み手・書き手としてのアイデンティティが、かけがえのない大切なものなのだ。つまり、ある言語的アイデンティティが尊重されなければならない理由は、ある特定の言語そのものがもつ価値にではなく、その言語を使用する各々の人がもつ尊厳にある。

このように、愛国主義の本来の基盤は、少なくとも近代国家においては、世界市民主義的で普遍的な価値にある。しかし、愛国主義を奉じる人々はそれをよく忘れる。それを忘れると、愛国主義は独善的で排他的なものになる。国家を、人間の自由、平等、基本的権利より優先し、ある特定の国家の国民としてのアイデンティティを他の国家の国民としてのアイデンティティより優先する、そういう愛国主義に陥るのである。

テイラーは、そのような独善的で排外的な愛国主義に陥らないためには、「世界市民であると同時に愛国者であるしか道はない、つまり、普遍的な連帯に開かれた愛国主義を求め、閉じた愛国主義と闘うしかない」[*12]と述べている。ここでテイラーの言う「愛国主義」は「ナショナリズム」ではなく「パトリオティズム」であり、そこにテイラーは独特の含みをもたせているのだが、それはここでは括弧に入れてよいだろう。テイラーのいう通りである。愛国主義は、閉じられた独善的で排外的なものに留まるべきではなく、世界市民主義に開かれたものであるべきだ。

しかし、それは、もともと対立する愛国主義と世界市民主義とを無理やりつなぎあわせることではない。愛国主義は、少なくとも近代国家においては、もともと世界市民的で普遍的な価値観を前提としており、その前提を忘れれば、その本来の意味を失うのである。

2 世界市民の哲学としてのカント哲学

「世界市民」が語られる三つの文脈

カントの哲学は「世界市民の哲学」である、と序章で述べた。その理由として、世界市民という概念が、『永遠平和』だけでなく、カントの実践哲学と歴史哲学、さらには理論哲学にも登場し、カント哲学全体の基調を成す概念であることを挙げておいた。ここでは、カントがさまざまな著作で用いる世界市民の概念をもっと詳しく考察し、〈世界市民とは誰か〉という問いに答えることを試みよう。カントは『永遠平和』に限らず、さまざまな作品で世界市民を語っているが、その文脈は大きく分けて三つあり、それぞれの文脈に応じて異なる世界市民の意味が見られる。カント自身はこれらの意味を明確に整理して論じているわけではないが、それぞれの文脈に応じてそれらの意味を読み取ることができるのである。

一つの文脈は、第1章で見たような、世界市民の法や権利が語られる文脈である。世界市民の法や権利とは、国家市民（国民）の法や権利に対比されるもので、簡単に言えば、国境を越えて地球上のあらゆる人間に適用される法や権利のことである。カントは、すでに見たように、永遠平和を実現するためには、まずは国家のあり方（国内体制）および国家間の関係のあり方（国際体制）が改革されなければならない、と考えたが、それらを補完するものとして世界市民の法・権利を語る。この文脈で語られる世界市民とは、世界市民の法のもとにあり世界市民の権利をもつ人々である。これを〈世界市民的な法・権利の主体〉としての世界市民と呼ぶことにしよう。

もう一つの文脈は、世界市民の考え方または思考様式が語られる文脈である。カントは、論文「啓蒙とは何か」の中で、啓蒙とは、人間が自分で考えることのできない状態である未成年状態から抜け出し、自分で考えることができる状態である成年状態に達することであるとし、それが実現するために必要なのは、一人の世界市民として思考する自由である、と論じる。この一人の世界市民として思考することを、カントは「理性の公的〔公共的〕使用」とも呼ぶ。この文脈で語られる世界市民とは、理性を公的に（公共的に）使用する人々である。これを、〈世界市民的な思考の主体〉としての世界市民と呼ぶことにしよう。

さらにもう一つの文脈は、「世界市民的意味での哲学」が語られる文脈である。「世界市民的意味での哲学」は「世界概念による哲学」とも呼ばれる。「世界概念による哲学」は「学校概念による哲学」に対置される概念で、「学校概念による哲学」が専門的な学問研究としての哲学をいうのに対して、「世界概念による哲学」はあらゆる人間が関心をもたざるをえない事柄に関する哲学的探究のことをいう。カントによれば、「学校概念による哲学」ではなく「世界概念による哲学」が本来の哲学である。世界市民とは、この「世界市民的意味での哲学」すなわち「世界概念による哲学」を遂行する人々のことでもある。これを、〈世界市民的な哲学の主体〉としての世界市民と呼ぶことにしよう。

このように、カントのいう世界市民には、〈世界市民的な法・権利の主体〉〈世界市民的な思考の主体〉〈世界市民的な哲学の主体〉という三つの意味がある。そのうち〈世界市民的な法・権利〉の内実については、第1章で『永遠平和』の確定条項を考察した際に明らかにしたので、以下ではもっぱら〈世界市民的な思考〉と〈世界市民的な哲学〉について考察することにする。

世界市民的な思考の主体

カントの生きたヨーロッパの一八世紀は啓蒙（主義）の時代と呼ばれる。「啓蒙」とは、ドイツ語のAufklärung、フランス語のlumières、英語のenlightenmentの日本語訳だが、いずれも「光」に関係のある語である。まさに理性の光によって、キリスト教に代表される旧来の思想や制度の闇を照らし、理性の力によって人間の生の進歩・改善を図ろうとする革新的思想であり、ヨーロッパで一七世紀に起こり、一八世紀に全盛期を迎え、一八八九年のフランス革命で一つの頂点に達する。ドイツ語圏では、一七世紀から一八世紀を生きた哲学者クリスティアン・ヴォルフ、カントと同時代の哲学者モーゼス・メンデルスゾーン、文筆家ゴットホルト・エフライム・レッシングなどが啓蒙主義の代表者とされる。

興味深いことに、この時代には啓蒙主義に影響された「啓蒙的な」君主まで現れた。「啓蒙専制君主」と呼ばれることがある。元来、専制君主は旧来の思想や制度の代表格であり、啓蒙主義の批判の標的の中の標的になるはずだが、後進国では、君主が率先して啓蒙主義的な政策を進めるという、一見矛盾した現象が見られたのである。プロイセンのフリードリヒ二世、オーストリアのマリア＝テレジア、ロシアのエカテリーナ二世などが有名である。フリードリヒ二世はほぼカントの同時代人（日本風に言えば一回り年長）であり、前章でも見たように、カントの著作にも啓蒙的な君主としてときおり登場する。*13

その啓蒙について、カントは論文「啓蒙とは何か」で論じた。『永遠平和』よりもさらに小さな雑誌論文であるが、これもまた現代でもよく引き合いに出される作品である。[*14] その中で「世界市民社会の一員として」思考することの重要性が語られているのである。カントは啓蒙を次のように定義し、説明する。

啓蒙とは人間が自らに責任のある未成年状態から脱することである。未成年状態とは他の人の指導がなければ自らの知性を用いる能力がない状態のことである。この無能力状態が人間自らの責任であるのは、その原因が知性の欠如にではなく、知性を他の人の指導なく用いる決意と勇気の欠如にある場合である。だから、敢エテ賢カレ！（aude sapere!）あなた自身の知性を用いる勇気をもて！　が啓蒙の標語である。[*15]

続けてカントは言う。すっかり習い性となった未成年状態を脱することは個々の人間にとっては困難なことだが、公衆が自らを啓蒙することは十分可能である。そのために必要なのは、「万事において自分の理性を公的に〔公共的に〕使用する自由」[*16] である。「理性を公的に使用すること」「理性の公的使用」とは「ある人が読者世界の全公衆を前にして学者として理性を使用すること」である。それに対して、「ある委託された市民としての地位あるいは官職において、自分自身に許される理性使用」が理性の「私的使用」[*17] である。啓蒙を推進するためには、理性の「公的使用」の自由は無制限に認められるべきだが、「私的使用」は制限されても実害はない、とカントは主張する。

いったいどういうことだろうか。カントの説明によれば、だいたい次のようなことである。たとえば官僚が官僚の立場で国家の政策のことを考えることは、理性の「私的使用」であり、その同じ官僚が一人の学者の立場で国家の政策のことを考えることは、理性の「公的使用」である。官僚がその立場で理性を使用するときには、まずは国家の政策に従って考えるべきであり、それについて自由に批評し論議することは許されない。つまり、理性の「私的使用」の自由は制限されなければならない。しかし、官僚が一人の学者の立場で理性を使用するときには、国家の政策について自由に批評し論議することが許される。つまり、「公的使用」の自由は制限されてはならない。

同じように、教会の聖職者は自らの教派の教義に従って説教をしなければならない（理性の「私的使用」の自由の制限）が、その同じ聖職者が一人の学者の立場で教義について批評し論議することは許される（理性の「公的使用」の自由）。また、国民の立場で自国への納税を拒否することは許されない（理性の「私的使用」の自由の制限）が、その同じ国民が、一人の学者の立場で課税のあり方について批評し論議することは許される（理性の「公的使用」の自由）。

この説明をはじめて読むとき、多くの人は少なからず戸惑い、あるいは誤植ではないかと疑うことだろう。「公的」「私的」という語の用法が、通常の用法からすれば明らかに逆転しているように思われるのである。官僚は、国家の政策を実施するときにこそ理性を公的に使用しているのであり、それについて個人的な意見を述べるときは理性を私的に使用しているのではないか。しかし、たしかに、一見逆転しているように見える用法をカントは提示しているのである。

その理由は、カントの説明によれば、おおむね次のようなものである。特定の地位や官職の立場から発言することは、特定の組織や共同体の一員として、いわば身内の一人として、内輪で、発言することであるから、理性の私的使用にすぎない。その組織や共同体が国家のように大きなものであっても、その事情は変わらない。理性の使用が公的なものに転じるのは、特定の組織や共同体の一員ではない立場で、いわば身内の一人ではない立場で、世界の人々に向かって意見を公表し、公共の論議に付すときである。

ここに言う「学者」とは、学問研究を専門とする人というよりも、特定の共同体の立場からではなく一人の個人の立場で、言論を通じて自らの意見を公表し公共の論議に関与する人、という広い意味にとって差し支えないだろう。[*18]そして、カントは「書き物を通して本来の意味における公衆に語りかける学者」を「世界市民社会の一員」と同一視する。[*19]理性を公的に使用する人とは、世界市民として理性を使用する人なのである。[*20]

理性の私的使用の自由が制限されるのは、官僚や聖職者や国民が、勝手気ままに政策や教義や納税の義務に反することを論議していたら、国家や教会は機能しなくなるからである。だが、理性の公的使用の自由は万事にわたって認められるべきであり、そう認められている限り、公衆の啓蒙は妨げられない、とカントは言うのである。

以上を踏まえて、世界市民的な思考様式とは次のようなものだと言うことができよう――理性を公的に使用すること、つまり特定の共同体の立場からではなく、一人の個人として言論を通じて自らの考えを公表し公共の論議に付すこと。それは、特定の共同体の立場から一人の個人の立場に戻って理性を使うとき、人は世界市民になる、ということだ。

この主張は意味深長である。それは、「公共」「公共的なもの」「公共性」といった概念に関する独特の提案をしていることになるからだ。現代の政治哲学の議論に即して言えば、「国家に関わる」こと、つまり「官」という意味での「公共」は実は「私」であり、すべての個人に「開かれている」こと、「公開」という意味での「公共」こそが本来の意味での「公共」だ、ということである。そして、その本来の意味での「公共性」は世界市民的な公共性だ、ということになる。

世界市民的な思考様式と多元主義

世界市民的な思考様式に関わる言明は、カントの最晩年の著作『実用的見地から見た人間学』[*21]（以下『人間学』と略記）にも見出される。「自己中心主義」を批判し、「多元主義（複数主義）」を賞揚する一節である。[*21] カントによれば、多元主義とは「自分は自分自身の中に全世界を包み込んでいるのだと思いながらふるまうのではなく、自分をたんなる一世界市民と見なし、そのように行為するという考え方」である。

カントは、自己中心主義を、論理的な自己中心主義、美感的な自己中心主義、実践的な（道徳的な）自己中心主義の三つに分類し、それぞれを次のように説明する。論理的な自己中心主義者は「自分の判断を他の人の知性の観点からも検討してみることを無用と見なす」人、美感的な自己中心主義者は「自分自身の趣味にすっかり自己満足していて」他の人の批評をまったく気にしない人、実践的な（道徳的な）自己中心主義者は「あらゆる目的を自分自身に関係づけて、自分に役立つこと以外のものには益を認めない」人である。そして、自己中心主義に対抗するのは多元主義だけだと論じる。

このような多元主義と理性の公的使用との間に、関連を見て取ることはできないだろうか。少なくとも論理的自己中心主義に対する批判には、それを明瞭に見て取ることができるように思われる。カントは言う。論理的自己中心主義者は、自らの判断を「他の人の知性の観点から検討すること」を無用と見なすが、それこそがわれわれの判断が真であることを確信するために欠かすことのできない手段であって、言論・文筆の自由の重要性もそこにある。「……文筆の自由が認められないと、それはとりもなおさずわれわれ一人一人の判断が正しいかどうかを吟味する貴重な手段が一つ剥奪されることになるのであって、われわれは誤謬に身をさらすことになる[*23]」。

もう一つ、多元主義と理性の公的使用との強い関連をうかがわせるのが、同じく『人間学』で「知恵に導く」格率として提示される三つ組みの格率である。格率とは、個々の行為主体がもつ行為原則のことである。

> （一）自分で考えること。（二）（人々とのコミュニケーションという形で）あらゆる他の人の立場に身を置いて考えること。（三）つねに自分自身と一致して考えること。最初の原理は消極的であり……、強制から自由な思考様式の原理である。第二の原理は積極的であり、リベラルな、他の人の考え方を受けとめることのできる思考様式の原理である。第三の原理は、首尾一貫した（論理一貫した）思考様式の原理である。[*24]

同じ三つ組の格率が、他の二つの作品にも登場する。『論理学』では「誤謬を防ぐための普遍的規則[*25]」

として、『判断力批判』では「普通の人間知性の諸格率[*26]」として。

（一）の格率は「あなた自身の知性を使う勇気をもて！」という、あの啓蒙の標語を想起させるが、事実『論理学』では「啓蒙された格率[*27]」と呼ばれており、さらに『人間学』『判断力批判』いずれにおいてもこの三つ組の格率と啓蒙との連関が示唆されている。これらの格率の要点は、特定の組織や共同体を構成するいわば「われわれ」が全世界を包み込んでいるかのようにではなく考え、ふるまい、自分で考えることは、すなわち他のあらゆる人々とのコミュニケーションの中で考えることでもある、ということにあると言えるだろう。

このように、理性を公的に使用するする態度ないし思考様式とは、多元主義的な思考様式であるとも言いうる。そのような思考様式をもつ人々が世界市民である。

3　世界市民的意味での哲学

本来の意味での哲学

『純粋理性批判』は八〇〇ページを超える大著だが、その末尾近く（第二部「方法論」の第三篇「純粋理性の建築術」）で、カントは次のように述べる。

それゆえ、理性の（ア・プリオリな）学のうち、人が学ぶことができるのは数学だけであって、哲学〔Philosophie〕を学ぶことはできない（学ぶことができるとすればそれは歴史的なものになろう）、せいぜい哲学すること〔philosophieren〕を学ぶことができるだけだ。[*28]

この一文は、カントの言葉としてよく知られているものの一つである。同じ趣旨のことをカントは教壇の上でも繰り返し語ったという。デイヴィド・ヒュームのように大学教員ではなく文筆家として生きた人ならいざ知らず、大学で哲学を教える立場からすれば、自らの足元を掘り崩すような、穏当ならざる言説だが、いったいどういうつもりだろうか。

この一文の前後の叙述を見る限り、その真意は次のようなものだと考えられる。ここで、カントは二種類の哲学的な認識のあり方を念頭に置いている。一つは、ある哲学体系を学習し、記憶し、熟知しているだけのもの、もう一つは、「理性の普遍的な諸源泉から、言い換えれば、諸原理から汲みとられた[*29]」ものであり、その認識からは、すでに学習された哲学体系に対する批判や拒絶も生じうる。カントは前者の認識のあり方を「歴史的〔記述的〕」、後者のあり方を「合理的〔理性的〕」と表現している。ある哲学体系を完璧に学習し、それを自家薬籠中のものとしたとしても、そこで獲得された認識が「理性の普遍的な諸源泉」や「諸原理」から汲みとられたものでなければ、哲学に関するたんに歴史的な認識をもっているだけで合理的な認識をもっているとはいえず、したがって哲学を学んだことにはならないというのである。

では、哲学に関する合理的認識を獲得し、哲学を真の意味で学ぶためにはどうすればいいのだろうか。カントは次のように論じる。

人は哲学することを学ぶことができるだけである、すなわち、理性の普遍的な諸原理を遵守しつつ、何らかの現存する試みに即して理性の才能を鍛錬することだけであるが、とはいえ、そうした現存する試み自体をその源泉において探求して、批判したり否定したりする理性の権利は、つねに留保されている。*30

哲学の「現存する試みに即して」、つまり既存の哲学の理論や教説に即して、探究し、ときにそれを批判したり否定したりしながら、自ら考えることによって理性的に考える能力を鍛える営みこそが「哲学する」ことなのである。それは、理性をもった人間一人一人が理性を使って実行すべきことであり、実行しうることである。

さて、「哲学を学ぶことはできない」というカントの言葉には、さらに深い意味があるように思われる。それは、同じ箇所で論じられる「学校概念による哲学」と「世界概念による哲学」の対比に注目すれば明らかになる。「学校概念による哲学」に携わる人々のことを、カントは「哲学者」とは呼ばず「理性技術者」の一種と見なしている。「理性技術者」とは何とも奇妙な言い方だが、カントによれば、ある特定の目的を実現するための手段を考えるために理性を使用する専門家のことである。そのような専門家としては、医学や法学などの、いわゆる実用的な学問の専門家がまず思い浮かぶが、カントが念頭に置いているのはそれだけではない。たとえば哲学の専門家も、ひたすら哲学の学問的な体系を構築することを目的として研究しているとすれば「理性技術者」である。つまり、「理性技術者」とは、実用的であるかどうかにかかわらず、個別的な学問領域の専門家のことなのである。
それに対して、「世界概念による哲学」は、人間が理性をもつ限り関心をもたずにはいない事柄に関する哲学のことである。この意味での哲学をカントは「理性の究極目的」に関する学とも、「知恵」の学とも呼び、それに携わる人々こそが哲学者だと言う。哲学者とは、人間がもつさまざまな目的、個別的な学問領域が追求するさまざまな目的に、人間の生の究極目的という観点から秩序を与え、意味を与えるために理性を使用する人々のことだということになるだろう。「哲学者」という名誉ある称号を与えられるのは「世界概念による哲学」に携わる人であって、学問分野としての哲学の専門家ではない。つまり、「学校概念による哲学」ではなく「世界概念による哲学」こそが本来の意味での哲学である。

　哲学することができるのは各人自身であって、それを誰かに、たとえば理性技術者としての哲学の専門家に教えてもらうことはできない。むしろ既存の理論や教説を吟味し批判することをも含めて、各人が自ら探求を試みなければならない。逆に言えば、哲学の専門家の「技術的な（専門的な）」指導など仰がなくても、各々の理性ある人が自ら「世界概念による哲学」を学ぶこと、いや「世界概念による哲学」をすることを学ぶことができる、ということである。実際、カントは同じ箇所で、「理想の教師」としての哲学者はどこにも見出されないが、哲学者の理念は「いたるところであらゆる人間理性の中に見出される」[*31]と述べる。同じことは、その直前の節（「純粋理性の規準」）の末尾で表明される「普通の人間理性」の思想[*32]にもつながっていると言えるだろう。

自然は、誰彼の区別なく人間が気にかけるものに関して、自然の賜物を不公平に分配したと責められるいわれはなく、最高の哲学といえども人間本性の本質的な諸目的に関しては、自然がもっとも普通の知性にすら惜しみなく与えた導き以上のことをなしうるものではない。*33

もっとも、別の解釈の可能性もなくはない。たとえば次のような叙述がある。「哲学は、どこにも具体的には与えられていない可能的な学という一つのたんなる理念である」が、人々がさまざまな道を試みた結果「ひどく雑草の生い茂った唯一の小径が見出され」これまで失敗してきた試みを本来の哲学に近づけることができる。「そのときに至るまでは人はいかなる哲学をも学ぶことはできない」*34。そして、カントは、「自然の形而上学」と「道徳の形而上学」、そしてそれらの予備学として先行する「理性の批判」だけが真に哲学の名に値するものであるとしたうえで、次のように述べる。

哲学はすべてのものを知恵に関連づけるが、しかしそれは、学の道によってである。すなわち、ひとたび開拓されるやけっして雑草が生い茂ることもなく、また人を迷わすこともない唯一の道によってである。*35

「理性の批判」とは『純粋理性批判』のことであり、「自然の形而上学」と「道徳の形而上学」とはまさにその名を冠して後に世に出ることになるカントの作品のことである。したがって、「哲学を学ぶことができない」のは、まだカントの『純粋理性批判』とそれに基づく『自然の形而上学』および

『道徳の形而上学』が完成していないからであり、「そのとき」が来れば人は哲学を学ぶことができるようになる、ということではないか。

これは、カントの自らの仕事に対する自負を見て取ろうとする解釈だが、そう解釈してしまっては、「世界概念による哲学」が「学校概念による哲学」に対置されることの意味、「哲学」が「哲学する」ことに対置されることとの意味が不明になってしまう。[*36] ここは、雑草の生い茂る中に学の「小径」を見出すのはカントも含めた各人であり、「そのとき」は各人が自ら理性を使って努力しなければやってこない、と解すべきだろう。哲学というものは「世界概念による哲学」である限り、他の人から教えてもらうことはできず、各人が自ら理性を行使して理性の原理に遡って考えることによってしか学ばれえない。カント自身もその精神で哲学をしているはずである。

さて、哲学は「人間理性の究極目的」に関する学であると言われ、理性的である限り人間が関心をもたずにはいないものに関する学だと言われるが、理性の究極目的、理性的な人間が関心をもたずにはいないものとは何だろうか。この問いは、この後第4章で「世界市民的意味での哲学」についてさらに詳しく論じる際に、主題的に取り上げることになるが、本書の主題である平和がその最有力候補であることは、容易に予想される。

「学校概念による哲学」と「世界概念による哲学」との対比は、『論理学』にも登場する。そこでは、これら二種類の哲学が『純粋理性批判』における議論と同じ線で論じられているが、「世界概念による哲学」と同じ意味で「世界市民的意味での哲学」という表現が用いられているのが印象的である。哲学とは、本来、理性的である限りあらゆる人間が関心をもたずにはいられないもの、あらゆる人間の究極目的に関わるものだという意味で「世界市民的で」ある、ということだろう。そして、哲学は、学問分野としての哲学の専門家たちの内に閉じられたものではなく、理性あるすべての人々に開かれたものであるという意味でも「世界市民的で」ある、と言うことができよう。

以上のことから、世界市民とは、本来の意味での哲学、世界市民的意味での哲学を遂行する人々のことだ、と考えることができる。

三つの世界市民概念の関係

これら三つの文脈で語られる世界市民の概念の間には、何らかの関係があるだろうか。あるとすればどのような関係だろうか。

まず、一番目の〈世界市民的な法・権利の主体〉を軸とする関係が考えられそうである。一番目の〈世界市民的な法・権利の主体〉と二番目の〈世界市民的な思考の主体〉との間には、〈世界市民的な法・権利の主体〉であること、つまり世界市民法の下にあり世界市民権をもつこと、を保証されていなければ、現実に〈世界市民的な思考の主体〉であることは難しい、という関係が認められる。また、一番目の〈世界市民的な法・権利の主体〉としての世界市民と三番目の〈世界市民的な哲学の主体〉としての世界市民との間にも、同じように、〈世界市民的な法・権利の主体〉でなければ、現実に〈世界市民的な哲学の主体〉であることは難しい、という関係が認められる。これら二つの関係は互いに相似的であって、〈世界市民的な法・権利の主体〉であることを保証されることが、〈世界市民的な思考の主体〉や〈世界市民的意味での哲学の主体〉の現実性の条件になっている、と言うことができる。

さらに、二番目の〈世界市民的な思考の主体〉を軸とする関係も考えることができそうである。二番目の〈世界市民的な思考の主体〉と一番目の〈世界市民的な法・権利の主体〉との間には、次のような関係が見出される。世界市民的な法・権利を承認することは、特定の国家という共同体を越える多元主義的な思考を前提する、という関係である。また、二番目の〈世界市民的な思考の主体〉と三番目の〈世界市民的な哲学の主体〉との間には次のような関係が見出される。世界市民的な哲学を遂行することは、特定の学問分野の共同体を越える多元主義的な思考を前提とする、という関係である。これら二つの関係も互いに類比的であって、〈世界市民的な思考の主体〉であることは、〈世界市民的な法・権利の主体〉や〈世界市民的意味での哲学〉の可能性の条件である、と言うことができる。

三つの意味での世界市民概念の間には、以上のような関係が認められる。『永遠平和』で前面に押し出されているのは、〈世界市民の法・権利の主体〉としての世界市民だが、その背後には〈世界市民的な思考の主体〉としての世界市民と、〈世界市民的な哲学の主体〉としての世界市民とが、控えているのである。

世界市民という概念は、カントの主要な著作の多くに登場し、それぞれの著作において小さからぬ意義をもち、それらの間には相互に関係が認められる。だが、それは、カントの哲学は世界市民の哲学である、という本書の主張の状況証拠のようなものであって、その主張を確証するには十分ではない。そのためにはさらなる考察が必要であるが、それは第4章にとっておくことにしよう。ここでは、カントの哲学が世界市民の哲学になった背景を瞥見しておきたい。

世界市民の哲学とカントの町ケーニヒスベルク

カントはケーニヒスベルクという町で生まれ育ち、生涯の大部分を過ごし、そして死んだ。ケーニヒスベルクは現在ロシア領で、ロシア語でカリニングラードと呼ばれている。地図で見ると、カリニングラードの立地は独特である。西はバルト海に面し、南はポーランド、東・北はリトアニアと接する、飛び地のようにしてロシアが領有している地域にある。第二次大戦後、ソヴィエト連邦領となり、ソヴィエト連邦が崩壊しリトアニアが独立した後もロシアがそれを引き継いでいるのである。現在のドイツから見ると、ポーランドを飛び越えてさらに東にあり、われわれが「ドイツ」と聞いて思い浮かべる版図から大きく外れている。このような事情は、カントの時代も同じで、首都ベルリンから遠く離れたプロイセンの飛び地だった。

これらの事情が、実は、世界市民の哲学が生まれた背景に結びついていると考えられる。その一端は、カント自身が語っていることにもうかがわれる。『人間学』の序文の註でカントは次のように書いているのである。

大都市であって、一王国の政府の地方機関が置かれている王国の中心地であり、（諸学の陶冶のための）大学と並んで海外貿易に向いた立地をもち、また、内陸から流れてくる川を通じて、さまざまな言語や習俗をもつ近隣の奥まった諸邦と往来するにも都合のいい立地をもつところ、——たとえばプレーゲル河畔のケーニヒスベルクのような都市は、それだけですでに、人間知や世界知を拡張するのに適した場所と見なすことができ、そこでは、旅などしなくてもそれらの知を拡張することができる。*[37]

リトアニア独立後も、ロシアがこの都市を手放さなかったのは、一つには、そこに重要な軍港があったからだ。ケーニヒスベルクは一三世紀にドイツ騎士団によって建設されて以来、港湾都市として栄えてきた。一四世紀にはハンザ同盟に加盟している。カントの時代にもヨーロッパ各地から商船が出入りし、外国人の商人たちが往来していた。カントが親しく付き合っていた友人たちの中にも、そうした商人たちがいたことが知られている。彼らを通じて豊富にもたらされる世界各地の多様な情報に、カントは接することができたのである。そうした環境も、カントの哲学の世界市民的な性格を育んだ要因の一つだと考えられる。

また、ケーニヒスベルクの地理的な状況からして当然のことだが、そこにはリトアニア人、ポーランド人、ロシア人など多様な民族的背景をもった人々がいた。カントがリトアニア＝ドイツ語辞典に後書きを寄せて、少数民族の言語の重要性を説いたことは、すでに見た。カントが学びそして教えたケーニヒスベルク大学には、そのような多様な民族的背景をもつ学生たちが相当数いた。そうした事情もまた、カントの哲学の世界市民的な性格を育むことに寄与したと考えられる。*[38]

4　現代を生きる世界市民

現代の世界市民の一肖像

本章の締めくくりとして、以上のようなカントの世界市民の概念を念頭に置くとき、現代において世界市民とは誰のことだと言えるのか、考えてみよう。

読者の中には、〈九・一一〉の事件のことを記憶しておられる方も多いことだろう。二〇〇一年九月一一日のこと、ニューヨーク市の世界貿易センターの二棟の高層ビルに、相次いで二機の旅客機が突入し、ビルが炎上、崩壊した、史上最大と言われる航空機によるテロ事件である。わたしもテレビ画面に繰り返し映し出される突入、炎上の映像にただ唖然として見入る他なかったことを憶えている。同時に、首都ワシントン特別区（ワシントンDC）の国防総省（ペンタゴン）にも一機が突入、もう一機がペンシルベニア州に墜落したことが間もなく報じられ、「同時多発テロ」などとも呼ばれた。この事件は、さまざまな意味で世界に大きな衝撃を与えた。合州国のジョージ・ブッシュ・ジュニア政権は、ただちに、首謀者はイスラーム過激組織アルカーイダであると断定し、アルカーイダの指導者、ウサーマ・ビン・ラーディンという人物を引き渡すようアフガニスタンのタリバーン政権に要求した。しかし要求が容れられなかったので、それを理由にアフガニスタンに侵攻、タリバーン政権を制圧した。

このテロ事件後、合州国では愛国感情が高まり、テロリズムとの戦いを掲げて強硬政策を採るブッシュ政権に対する支持が急上昇し、イスラームの人々に対する偏見が強まり、ブッシュ政権を批判したりイスラームを擁護したりするアメリカ国民が「非愛国的」だと非難されるような風潮も生じた。先に参照した『国を愛するということ』で、ヌスバウムが世界市民主義と愛国主義をめぐる討論を呼び掛けた背景には、〈九・一一〉直後のそのような合州国社会の風潮があった。

そうした中、〈九・一一〉事件の被害者の遺族の中に、ブッシュ政権のアフガニスタン侵攻に正面から反対する人々が現れたことは、あまり知られていない。その人々は、「われらの悲しみを戦争への訴えにするな」と書かれたプラカードを掲げ、ワシントン特別区からニューヨーク市へと「癒しと平和を求める行進」を敢行した。当時の合州国では、勇気のいる行動だったことだろう。この遺族たちは、やがて「平和な明日を求める九・一一家族会（September Ninth Families for Peaceful Tomorrows）」（以下「ピースフル・トゥモロウズ」と略記）と名乗る市民団体（NGO）を結成して、「戦争に替わる選択肢を考え、探究し、実行する」活動を展開することになる。*39

ことの起こりは、〈九・一一〉事件のほんの数日後に、事件で息子を失ったロドリゲス夫妻が「わたしたちの息子の名を用いないで欲しい」と題する声明を発表したことである。夫妻は、合州国がアフガニスタンを報復攻撃すれば、さらに多くの人々が自分たちと同じ苦しみを味わうことになること、しかも、それが息子の名を語って行われることに耐え切れず、声を上げ、ブッシュ大統領にも手紙を書いた。その凛とした言葉が胸を打つ。「わが政府は息子の思い出を、他の国の息子たちと親たちに苦しみを与えることを正当化する口実として用いているように感じるのです」「わたしたちはあなたに、どうしたらわが政府がテロリズムに対して、平和的な、理性的な解決を展開できるかを考えて欲しいのです」…。

ロドリゲス夫妻と同じような思いの家族は合州国各地にいた。その家族たちが集まって活動を始めたのである。その活動には、先に述べた行進だけではなく、何と、戦災の傷跡も生々しいアフガニスタンを訪問し、合州国の攻撃によって家族を失った人々と交流することも含まれていた。

ピースフル・トゥモロウズが〈九・一一〉の一周年に出した声明には、家族たちの消えることのない悲しみ、支持者に対する感謝、爆撃で被害を被ったアフガニスタンを救援する活動の要請、イラク侵攻計画への抗議などとともに、次のような認識が表明されているのが印象的である。合州国はグローバル社会に参加するべきであり、そのために国際法を遵守し、国際刑事裁判所（International Criminal Court, ICC）を支持すべきであること、テロリズムは、貧困、人種差別、無知、不平等、絶望、怒りなどから生じる徴候であり、その背景を理解することがテロリズムを防ぐために重要であること…。それから二〇年近く経つ今も、ピースフル・トゥモロウズはさらに多彩な形で反戦と平和のための活動を続けている。*40

世界市民とは、たとえばピースフル・トゥモロウズの人々のことではないだろうか。自国の利害のみならず他国の市民の境遇に思いを致し、自国の行動が誤っていると思えば異を唱えることも辞さず、自らの信念に基づいて行動し、他国の人々と進んで交流しようとする人々。そして、テロリズムなどの問題を戦争によってではなく、国際的な司法に訴えて解決しようとし、また、その問題の根っこにあるグローバルな問題を洞察し解決しようとする人々。さらに、その考えを、世界に向けて発信する人々。そして、特定の国家の市民であることに囚われず、その思考や行動が国境を越え出ていく人々。

そのような人々は世界中にたくさんいる。

たとえば「国境なき医師団」というNGOがある。その名の通り国境を越えて医療を通じて人々を救援することを考え、それを実行する人々の団体である。他にも人権擁護、難民援助、飢餓撲滅、環境保護、紛争解決、核兵器廃絶などのために、国境を越えて考え、行動する人々がおり、団体がある。もちろん、物理的、身体的に国境を越えるかどうかだけが問題なのではない。特定の国家や特定の地域の問題に取り組みながら、その地域や国家を越えて思考する人々もまた、世界市民である。[*41]

ピースフル・トゥモロウズのような人々は、カントの世界市民概念に即して言えば、まず〈世界市民的な思考の主体〉という意味で世界市民だと言うことができるだろう。また、部分的には〈世界市民的な法・権利の主体〉の意味でも世界市民だということができる。「部分的には」というのは、現代世界においては、残念ながら、世界市民の法と権利はまだ十分に保障されていないからである。しかし、彼ら・彼女らがその活動を行うことができるのは、世界市民の権利が、国家の連合という体制〈国連体制〉の中で、不十分ながらもある程度までは保障されているからである。また、彼ら・彼女らは、世界市民の権利を支える国際司法の重要性を、認識している。そして、何よりも、彼ら・彼女らは、世界市民の権利が保障される世界を実現するために活動していると言っても差し支えないのではないだろうか。その意味で、彼ら・彼女らは不十分ながら現実化している世界市民の法・権利を行使することによって、世界市民の法・権利を十分なものにするために活動しているとも言いうるのである。

では、国境を越えて思考し、行動する人々はすべて世界市民なのだろうか。たとえば、世界中を飛び回って仕事をしているビジネス・パーソンは、世界市民だと言えるだろうか。それだけでは世界市民とは言えないだろう。なぜなら、ビジネス・パーソンはふつう自らが経営する企業、あるいは自らが所属する企業のために、その企業の利益追求の枠内で理性を行使するのであり、それは理性の私的使用にすぎない。

それに対して、仮にビジネス・パーソンが、自らの所属する企業や業界の欠陥や不正について、一人の言論人として世界の人々に向かって意見を述べ、公共の論議に付すとすれば、その人は〈世界市民的な思考の主体〉という意味で世界市民だということができるだろう。そして、そのように世界市民として意見を述べ、公共の論議に付す権利を行使している時点で、〈世界市民的な法・権利の主体〉としての世界市民と言えるだろう。さらに、その意見が何らかの形で世界市民の法・権利との保障に関わるものだとすれば、いっそうその意味での世界市民だと言えるかもしれない。たとえば、自らの企業や業界が容認している人権侵害について、意見を公表するとすれば。

では、〈世界市民的な哲学の主体〉という意味ではどうだろうか。この点については、第4章で考察することにしよう。

世界市民とグローバル市民

世界市民が以上のようなものだとすると、それは今日の言葉遣いで言えば「グローバル市民」のことではないか、と考える人がいるかもしれない。なるほど、そう呼びたければ呼んでもよいと思う。だが、そもそも「グローバル」という語は、流行語によくあるように、普及している割に内実が不明瞭である。特に二〇世紀末以来「グローバル」という語が流行し、一時は猫も杓子も「グローバル」と名乗っていれば格好がつくという風潮もあったが、さすがに最近は「賞味期限切れ」の感もなくはない。

「グローバル」という語が流行したのは、いわゆるグローバル化（グローバリゼーション）が世界に与えた影響が深刻だったからである。この意味でのグローバル化は、二〇世紀後半、特に東西冷戦終結後に人、財、貨幣、情報の流れが地球規模で急速に活性化したことを指す。それに伴って、かつては見られなかった現象が目立つようになった。国家の力が市場に対して相対的に弱まり、投資家の動きが国家の政策さえも左右し、ことによっては国家を破綻させかねない事態が生じている。また、グローバル化した市場経済が、ローカルな文化、産業、生活基盤を破壊し、地域の自立・自律を妨げたり、経済格差を拡大したりすることが指摘されている。しかし、同時に、グローバル化は、環境汚染、経済格差、貧困・飢餓、移民・難民、武力紛争・テロリズム、核兵器の脅威、感染症など、地球規模で解決を求められる問題に地球規模で対処する機運を高めもする。こういったグローバル化の正負両面にわたる重大な影響を軽視すべきではない。その意味では「グローバル」という語をたんなる流行に終わらせるべきではなく、もっと丁寧に扱うべきである。それを踏まえるなら、世界市民をグローバル市民と呼び換えてもいいのかもしれない。

もっとも、長い目で見れば、グローバル化は人類の誕生とともに始まったということができる。そして、それが一つの転換点を迎えるのは一五世紀から一六世紀の大航海時代である。地球上のあらゆる地域が海路でつながり、地球は「一つ」になった。それが一つの有限な球体《グローブ》であることが、経験的に知られるようになった。その後グローバル化は加速度的に進み、その加速度は二〇世紀後半に頂点に達し、地球が一つの有限な球体《グローブ》であることがますます切実に認められるようになったのである。カントは、自らの世紀である一八世紀のグローバル化の現実を見つめながら『永遠平和』を書いた、と言ってもよい。このように広い意味でグローバル化を捉えるなら、世界市民をグローバル市民と呼び換えても差し支えないのかもしれない。

　とはいえ、世界市民をグローバル市民と呼び直すことには、注意が必要である。そもそも、グローバル市民という語は、地球の一体性という一つの要素しか表現していない。たしかに、カントも〈世界市民的な法・権利の主体〉としての世界市民の成立根拠として、有限な球体《グローブ》である地表を共有していることを挙げている。だが、それは〈世界市民的な法・権利の主体〉としての世界市民の成立根拠の一つにすぎず、〈世界市民的な思考の主体〉や〈世界市民的な哲学の主体〉としての世界市民を視野に入れていない。

　また、先に述べたように「グローバル」という語はあいまいなので、誤解を招く恐れがある。たとえば「グローバリズム」と言えば、市場経済のグローバル化を推進する新自由主義のイデオロギーを指すことが多い。「反グローバリズム」もその意味でのグローバリズムに抵抗する思想の名である。本来は「グローバリズム」は地表が一つの有限な球体であることを重視する思考様式、たとえば〝Think global, act local.〟（「地球規模で考え、地域規模で活動せよ。」）という標語にあるような思考様式を指すにもかかわらず、である。「グローバル市民」はカントの言う世界市民というよりも国境を越えて活躍するビジネス・パーソンなどを指す語になりかねない。そのようなことに留意しつつ、グローバリズムの本来の意味を取り戻す気概をもってするのであれば、「グローバル市民」を称揚するのもわるくないだろう。

さて、現代世界のグローバル化の現実の多くの側面を、カントは予測できなかった。二〇世紀後半になって顕在化した、地球環境の劣化や核兵器の脅威をはじめとする国家の枠内では扱いきれない諸問題もそうである。しかし、なんといっても世界市民社会とでもいうべきものの出現である。世界市民社会とは、国民国家によって構成される国連を中心とする国際社会の他に、それから独立した市民団体（NGO）のネットワークによって形成される社会のことである。ピースフル・トゥモロウズもそういった世界市民社会を構成する団体の一つである。

この世界市民社会は、グローバル政治においても重要な役割を果たすようになってきた。グローバル政治の出現はグローバル化の一つの所産だが、それについてイギリスの政治学者デイヴィッド・ヘルドとアンソニー・マッグルーは次のように述べている。[*42]「国連とその専門機関から国際的圧力団体や社会運動に至る諸活動に認められるように、国際的・超国民的組織と団体が台頭する中で、国家と市民社会の形態と力学は変化している」。そして「多国間型のグローバル政治の新しい形態が諸政府、政府間組織、国民国家を超える多様な圧力団体、国際的非政府組織を巻き込んで形成されている」。

NGOがグローバルな政治の一翼を担うようになった経緯を、政治学者の目加田説子は次のように説明している。[*43] 国連や各種国際機関にオブザーバーとして参加し、文書や口頭で意見を表明することを認められてきたNGOが、一九九二年の「環境と開発に関する国連会議」（地球サミット）以来、国連主催の世界会議においてたんなるオブザーバーではなくパートナーとしての地位を与えられるようになった。その理由は、東西冷戦終結後の時代にあっては、国家の枠組みだけでは解決困難な地球規模の問題に焦点が当てられるようになったことにある。一九九〇年代以降の市民活動は、政府の方針に反対するだけでなく、独自の問題解決策を提示し、政府と緊張関係・拮抗関係を保ちながら、その解決策への支持を獲得し世論を形成するようになった。一九九〇年代に相次いで誕生した多国間条約(気候変動枠組条約、対人地雷全面禁止条約、国際刑事裁判所設立規程など)の成立過程では、NGOのネットワークが影響力を発揮したことが知られている。

このように政府に政策を提言し、世論の形成を通じて政治に影響を与えるNGOの台頭に、ドイツの哲学者、ユルゲン・ハーバーマスは世界市民社会が形成される予兆を見ていた。[*44] それから二〇年経ち、世界市民社会は、さまざまな困難を伴いながらも、発展を続けている。二〇一七年七月に採択された「核兵器禁止条約」の成立にも、政府機関や国際機関だけでなく、多くのNGOが関わっていた。そして、それを主導したNGOはノーベル平和賞を受賞した。核兵器廃絶国際キャンペーン(ICAN[*45])である。

このような、国民国家からも国際社会からも独立した世界市民社会の出現を、カントは具体的には予想していなかったが、それはカントの世界市民の構想の延長線上にあると言えるだろう。

カントによれば、世界市民が永遠平和への道を開く鍵である。つまり、どうすれば戦争をなくすことができるか、という問いに答える鍵は、世界市民にある。ピースフル・トゥモロウズは、活動の目標自体を平和の実現に置いているから直接的に永遠平和への道に貢献すると言えるが、ここではそれが要点であるわけではない。肝心な点は、ピースフル・トゥモロウズが世界市民の資質を備えた団体であり、世界市民社会の構成員である、というところにある。平和の実現を直接の目標としなくても、〈世界市民的な法・権利の主体〉〈世界市民的な思考の主体〉〈世界市民的な哲学の主体〉という三つの意味での世界市民が、戦争をなくすための鍵である。その世界市民とその社会が二〇世紀の後半以来躍進を続け、いま新たな局面を迎えている。ということは、戦争のない世界への道が新たな局面を迎えているということだ。

＊1 柳父章、『翻訳語成立事情』、一五三―一六三ページ。「権利」という語を案出したのは日本の啓蒙思想家ではなく、ヘンリー・ウィートン（Henry Wheaton）の『万国公法』（一八三六年）を漢語訳した、ウィリアム・マーティン（William Martin）であり、それを日本の啓蒙思想家が受容したのだという。

＊2 ドイツ語にも英語の「ステート」に相当する「シュタート（Staat）」があり、同じ事情が当てはまる。

＊3 本来はギリシア・アルファベットで綴るべきだが、ここではローマ・アルファベットで綴る。

＊4 ディオゲネス・ラエルティオス、『ギリシア哲学者列伝』中巻、一六二ページ

＊5 マーサ・C・ヌスバウム、「愛国主義とコスモポリタニズム」

＊6 ヌスバウムによるセネカ、『義務について』の引用。

＊7 ヌスバウムによるプルタルコス、『アレクサンドロスの幸運について』からの引用。

＊8 『カント全集』一四巻、一八八ページ（VIII 291）

＊9 Charles Taylor, "Why Democracy Needs Patriotism"

＊10 ベネディクト・アンダーソン、『定本想像の共同体――ナショナリズムの起源と流行』

＊11 その身近でわかりやすい実例として、桜がある。佐藤俊樹によれば、現代のわれわれが親しみ、日本的だと思っている桜の風景はソメイヨシノの風景だが、それは、古くから文学を中心として形成されてきた想像上の桜のイメージを土台とし、江戸後期に園芸品種として開発されたソメイヨシノをきっかけとして、明治時代以降に形成され、一般化

したものである。佐藤俊樹、『桜が創った「日本」――ソメイヨシノ起源への旅』

＊12 Charles Taylor, "Why Democracy Needs Patriotism", p.121

＊13 フリードリヒ二世は、国民に尊敬され親しまれた君主だったらしく、「大王」と呼ばれると同時に「フリッツ爺さん（Alte Fritz）」とも呼ばれ、その愛称が今日も伝えられている。ベルリンの南西の町ポツダムにあるロココ様式の離宮、サン＝スーシ宮殿は有名だが、この「無憂《サン＝スーシ》」と名づけられた瀟洒な離宮で、フリードリヒ大王＝フリッツ爺さんは、数々の交響曲や協奏曲を作曲し、宮廷のオーケストラに伴奏させて自らフルートを吹き、文芸書や哲学書を読み、ヴォールテールら思想家を招いて語り合い、自ら「サン＝スーシの哲学者」と名乗ったりした、と言われる。フリードリヒ二世の作曲した作品を収めたCDが発売されている。

＊14 たとえば、ユルゲン・ハーバーマスやミシェル・フーコーがこの作品に言及している。もっとも、ハーバーマスはカントの道徳哲学や政治哲学を批判的に継承しようとする哲学者だから、この作品を重視することに不思議はないが、カント哲学に対する批判から哲学者としての経歴を始めたフーコーが、晩年この作品を高く評価したことは興味深い。ミッシェル・フーコー、「カントについての講義」

＊15 『カント全集』一四巻、二五ページ（VIII 35）

＊16 『カント全集』一四巻、二七ページ（VIII 36）

＊17 『カント全集』一四巻、二七ページ（VIII 37）

＊18 石川求「公的理性をめぐって」

＊19 『カント全集』一四巻、二八ページ（VIII 37）

＊20 ここでカントが「書き物」やそれを読む「読書世界の公衆」に言及していることには、時代背景がある。この時代のヨーロッパでは、コーヒーハウス、カフェ、サロン、読書クラブなどで政治的な議論をしたり文芸作品を批評しあったりする教養市民層が形成された。比較的身分の分け隔てがない集まりが多く見られたという。ユルゲン・ハーバーマス、『公共性の構造転換』、第二章、小林章夫、『コーヒー・ハウス』

カント自身も、ケーニヒスベルクにあったそのような集まりの一員であった（マンフレッド・キューン、『カント伝』、第四章）。また、カントに対する尊敬の念の厚かった作曲家、ルートヴィヒ・ヴァン・ベートーヴェンも、若いころ故郷のボンでそのような集まりに所属していた。青木やよひ、『ゲーテとベートーヴェン――巨匠たちの知られざる友情』、第三章

＊21 カントは一七七〇年代から大学で人間学に関する講義を続けていた。『人間学』の出版は一七九八年だが、その内容は人間学の講義のためのカント自身のノートに基づくものである。

＊22 『カント全集』一五巻、二二五－二二八ページ（VII 128-130）

＊23『カント全集』一五巻、二五－二六ページ（VII 129）
＊24『カント全集』一五巻、一七二－一七三ページ（VII 228-229）
＊25『カント全集』一七巻、八〇ページ（IX 57）
＊26『カント全集』八巻、一八一ページ（V 294）
＊27『カント全集』一七巻、八〇ページ（IX 57）
＊28『カント全集』六巻、一一五－一一六ページ（B 865）
＊29『カント全集』六巻、一一五ページ（B 865）
＊30『カント全集』六巻、一一六ページ（B 866）
＊31『カント全集』六巻、一一七ページ（B 867）
＊32「普通の人間理性」はドイツ語では「普通の人間知性（悟性）」「健全な人間理性」などとも言われ、ほとんど「常識」と同義に用いられる。デカルトが『方法序説』で「良識はあらゆる人に平等に分け与えられている」と述べたのと同じ系譜に属する考え方である。
＊33『カント全集』六巻、一一〇ページ（B 859）
＊34『カント全集』六巻、一一六ページ（B 866）
＊35『カント全集』六巻、一二六ページ（B 878）
＊36『論理学』では両者の理由が併記されたうえで、後者が採られている。『カント全集』一七巻、三五－三六ページ（IX 25）
＊37『カント全集』一三ページ（VII 120-121）
＊38ケーニヒスベルクと世界市民性については、以下の文献を参照のこと。エンゲルハルト・ヴァイグル、『啓蒙の都市周遊』、山根雄一郎、「平和の形而上学――『永遠平和のために』の批判哲学的基底」。山根は、ケーニヒスベルクの立地条件や多民族状況が、カントの哲学を世界市民の哲学へと育んだ要因であると考え、その観点から『永遠平和』を読み直す提案をしている。
＊39デイビッド・ポトーティ、ピースフル・トゥモロウズ『われらの悲しみを平和への一歩に　9・11犠牲者家族の記録』。以下の拙著にも紹介がある。寺田俊郎、舟場保之・編著、『グローバル・エシックスとは何か』
＊40https://peacefultomorrows.org/（二〇一九年四月十日アクセス）
＊41その少し風変わりな事例の一つとして、サパティスタ国民解放軍（ＥＺＬＮ）を挙げておきたい。これは、メキシコ南部辺境の州、チアパスで一九九三年の北米自由貿易協定（ＮＡＦＴＡ）発効とともに決起し、新自由主義的なグローバリズムと闘い、先住民であるマヤ系住民の自由と尊厳を守ることを目的とする反政府組織である。当初は武力闘争をする武装組織であったが、マスメディアやインターネットを駆使した言論による闘争へと重心を移していった。そうすることによって、新自由主義的なグローバリズムや先住民問題を誰もが自由に討議することができる公共空間を創出して、メキシコの真の民主化、つまり草の根民主主

義を実現することを目指した。

　サパティスタ国民解放軍は、メキシコ憲法に基づくあらゆる合法的手段が尽きたため、メキシコ憲法第三十九条の「政府の形態を変更もしくは修正する譲渡不可能な権利」を行使することを宣言し、「自由で民主主義的な政府」を目標として掲げる。その際、国際機関と国際赤十字社とに対して、彼らが市民を防衛しながら展開する闘争を監視・規制するよう要請する。

　彼ら・彼女らは、先住民の人間としての権利と尊厳とを守るために行動し、共和的体制（憲法）と諸国家連合の法（国際法）とを遵守し、国際機関や非政府組織と連携し、国境を越えた討議の場を提供する。本章で論じてきた世界市民の要件を満たしている。山本純一、『インターネットを武器にした〈ゲリラ〉――反グローバリズムとしてのサパティスタ運動』

＊42　デヴィッド・ヘルド、アントニー・マッグルー、『グローバル化と反グローバル化』、二七－二九ページ

＊43　目加田説子、『地球市民社会の最前線』、四五ページ

＊44　ユルゲン・ハーバーマス、「二百年後から見たカントの永遠平和という理念」

＊45　http://www.icanw.org/（二〇一九年四月十日アクセス）

第3章

永遠平和の実現につきまとう困難

『永遠平和のために』の「付録」と「補説」は本論をしのぐ分量を持ち、
内容的にも深く重い意味あいが込められている。
そこでは、永遠平和実現への楽天的論調と
その実現の困難さにまつわる悲観的論調とが、表裏一体になっている。
本章では、その一筋縄では捉えられないカントの思索の展開を、
自然、歴史、宗教、政治など多角的な観点から解きほぐしていく。

第1章、第2章で考察してきたのは、戦争をなくして永遠平和を実現するために、まずは諸国が実行すべきこと、確立すべき政治体制、永遠平和への道の要となる世界市民、これらをめぐる、カントの理論であり理念である。では、その理論はどのようにして実践に移され、その理念はどのようにして実現されるのか。その実践と実現の道をカントは語っているが、その語りに困惑する読者も少なくないのではないだろうか。そこには、それまでの堂々とした力強い論調に混じって、悲観的な論調が感じられるのである。永遠平和を実現するために第1章で見たような原則に従うことは人間の義務である、という主張に変わりはないが、その義務を現実に果たすことは人間にとってきわめて難しいということを、カントははっきりと自覚しているようである。そこにはいわば現実主義者《リアリスト》としてのカントの顔がそれまで以上に明確に見えると言ってもよい。

カントが永遠平和の実現につきまとう困難を語るのは、『永遠平和』の本論に付け加えられた二つの「付録」と二つの「補説」においてである。その「補説」と「付録」を併せると、分量としては本論より大きくなり、「補説」「付録」という表題に釣りあわないだけでなく、そこで論じられる事柄も表題に不釣りあいな重みをもつ。その「補説」と「付録」のいずれにおいても、永遠平和の実現可能性が力強く語られ、ときに楽天的とすら感じられるが、他方、その力強く楽天的な論調は、実は永遠平和の実現がきわめて困難であるという認識と表裏一体であるように思われてくるのである。

果たして、戦争をなくして永遠平和を実現することはできるのだろうか、できるとすればどのようにしてだろうか。この永遠平和実現の可能性をめぐるカントの議論は一筋縄ではいかない。本章では、その議論に付きあって一筋縄ではいかない考察を試みよう。

1　永遠平和の実現を保証する自然の摂理

自然の摂理による助力

「第一補説」は「永遠平和の保証」と題されている。永遠平和の保証とは何か。冒頭の一節を見よう。

この保証を与えるのは、偉大な技術者である自然（諸物の巧みな造り手である自然）にほかならない。自然の機械的な過程からは、人間の不和を通じて、人間の意志に逆らってでもその融和を回復させるという合目的性がはっきりと現れ出ており、その合目的性は、その作用法則がわれわれに知られていない原因による強制と見れば、運命と呼ばれるし、他方、世界の過程におけるその合目的性を、いっそう高次の、人類の客観的な究極目的を目指し、この世界の過程を予定しているような原因がもっている深い知恵と考えれば、摂理と呼ばれるであろう。たしかに、われわれは、この合目的性を、自然のこうした技術的な配剤に即して認識するのでもなければ、たんにこの配剤から推論するのでもない。そうではなくて、われわれは（…）その可能性を人間の技術的な行為との類比に従って理解するために、それをただ補って考えることができるだけであり、またそうせざるをえないのである。ところで、その合目的性と、理性がわれわれに直接指示する目的（道徳的目的）とが、関係し、一致していると思うことは、一つの理念であって、理論的な見地からすればたしかに行き過ぎであるが、しかし実践的な見地からすれば（たとえば永遠平和という義務概念に関して、自然のかの機構を利用してそれに向かわせるためには)、確固としており、その実在性に関して十分根拠があるのである。[*1]

読みづらい一節だが、要点をまとめると「偉大な技術者である自然」すなわち「運命」ないし「摂理」が、永遠平和を実現するために努力する人間に助力を与える、ということである。言い換えれば、人間の理性は永遠平和を目的としているが、自然もそれを目的としており、人間理性の目的と自然の目的は一致している、ということである。

自然が目的をもつという考え方に、違和を感じる読者もいるかもしれない。このような自然に関する見方を目的論的な自然観と呼ぶことがある。しかし、それは「人間の技術的な行為との類比」に従って自然を理解するために、自然が目的をもつ可能性を「補って考える」だけであり、自然が目的をもっていることを認識するのでも推論するのでもない、とカントは急いで付け加えている。この追加説明に注意しなければならない。われわれは、自然が目的をもつことも、その目的の内容も、客観的な知識として知ることができるわけではなく、それを何らかの目的に合わせて物を製作する人間との類比によって想定することができるだけである。

後で明らかにするように、この見方は『永遠平和』に限られるものではない。カントは、自然を機械的な法則に従って動くものと見る機械論的な自然観をもつとともに、目的論的な自然観をもってもいたのである。[*2] それがもっとも本格的に論じられるのは『判断力批判』においてであるが、ここではその詳細に立ち入る余裕がない。

平和を促進する戦争？

では自然の助力とは具体的にはどのようなものか。そのくだりを読んで困惑しない読者は少ないだろう。まず、カントは自然の摂理の筆頭に、こともあろうに戦争を挙げるのである。先に引用した一節にも「人間の不和を通じて」とあったが、カントはさらに続けて次のように言う。自然は、人間が地球上のあらゆる地域で生活することができるように配慮し、戦争によって人間をあらゆる場所に駆り立て、そこに住むようにした。そして、やはり戦争によって人間を何らかの法的関係に入るように強制したというのである。

永遠平和のための国内体制について、カントは次のように述べている。

…ある民族が、その内部の不和によって、公法の強制の下に入るように強いられていないとしても、戦争が外部からそれを強いるであろう。それは先述の自然の配剤によって、どの民族も自らを圧迫する他民族と隣りあっているのを見出し、それに対抗して強国として軍備を整えるためには、それぞれの民族が内部で国家を形成しなければならないからである。さて、人間の法に完全に適合している唯一の体制は、共和的体制であるが、しかし、この体制はまた、それを樹立することが、さらにはそれを維持することが、もっとも困難な体制であって、多くの人々が、人間は利己的な傾向をもち、そのような崇高な形態の体制は手に負えないから、それは天使の国でなければならない、と主張するほどである。自然は、崇敬されてはいるが実践に向かっては無力な、普遍的で理性に基づく意志に対し、しかもまさにその利己的な傾向を用いて、助力を与えるのである…。[*3]

ここでもまた、自然の助力の一形態として戦争が挙げられていることが、読者を戸惑わせることだろう。あらゆる戦争を終結させ永遠平和を樹立するための自然の助力が、戦争によって与えられるとは、いったいどういうことだろうか。自然が人間に与えた利己的な傾向のために人間は互いに拮抗しあい、互いに抑制しあって、法治状態が可能になる、という叙述も、負けず劣らず読者を戸惑わせるに違いない。そして、次の一節を読むとき、読者の困惑は頂点に達するだろう。

…こうして人間は、道徳的によい人間になるよう強制されるわけではないが、よい市民になるようには強制されるのである。国家を樹立するという問題は、どんなに困難に聞こえようと、悪魔の民族によってすら（悪魔が知性をもってさえいれば）解決が可能であるはずである…。というのも、問題とされているのは、人間の道徳的改善ではなく、たんに自然の機構だからである。[*4]

第1章で、カントの社会契約論がホッブズのそれと異なる点を見た。それは、ホッブズが、社会契約による国家設立を、「万人の万人の戦い」である悲惨な自然状態を脱したいという人間の欲求から説明するのに対し、カントは理性を備えた人間の義務として説明するところにあった。しかし、ここではカントはまるでホッブズのように語っている。利己的な傾向による衝突を回避しようとして人間は国家を設立し法治状態に入る、つまり自己利益を守りたいという人間の自然的な傾向に基づいて法治状態が成立する、と説明されているのである。このてのひらを返すような言説に読者は困惑せずにはいないだろう。

国際体制をめぐる自然の助力に関してもまた、戦争が引き合いに出される。分離した国家が隣接しあっている状態は、諸国家連合によって敵対行為を予防するのでない限り「それ自体すでに戦争の状態である」[*5]が、それは「生き生きした競争による力の均衡」[*6]によって平和を確保するための自然の摂理だというのである。この言説もまた、『永遠平和』第二章の主張と、一見したところ、矛盾しているように思われる。

平和を促進する商業？

さらに、世界市民法をめぐる自然の助力に関して、カントは次のように語る。世界市民法の概念だけでは、暴力や戦争に対して諸国民の安全は保障されないであろうが、ここでもまた自然は諸国家の利己的傾向を利用して諸国家を結びあわせようとする。それは商業精神である。

> …商業精神は、戦争と両立できず、また、遅かれ早かれあらゆる民族を支配するようになる。つまり国家権力の下にあるあらゆる力（手段）のなかで、言うまでもなく財力がもっとも信頼できる力であろうから、そこで諸国家は、自分自身が（もちろん道徳性という動機によってではなく）高貴な平和を促進するように強いられ、また世界のどこであれ戦争が勃発する恐れがあるときには、調停によって戦争を防止するように強いられる、と考えるのだが、それは、あたかも諸

国家がそのために常設の連合に属しているかのようである。*7

この主張は、自然が戦争を利用して平和に導くという主張よりは、受け入れやすいかもしれない。たしかに、通商を通じて経済的に緊密な関係にある国家の間では、戦争によって生じる不利益のほうが大きく、戦争が避けられる傾向があるだろう。しかし、世界市民法という崇高な理念だけでは平和が実現できない、その不足を自然が人間の利己的な傾向に訴えて「財力」で補う、などという言説は、第二章の主張と矛盾しないまでも、かなり異質な主張に聞こえずにはいない。しかも、その財力の効果がまるで「諸国家がそのための常設の連合に属しているかのように」、すなわち諸国家連合に属しているかのように、現れるというのである。諸国家連合もまた人間の利己的な傾向や財力の賜物だということになるのだろうか。

希望の論理としての自然の摂理

このような、『永遠平和』第二章までの主張と相容れないように思われたり、まったく異質だと思われたりする主張を、どのように理解すればよいのだろうか。押さえておきたいのは、「第一補説」の末尾の一節およびその後の「付録二」の一節である。

このようなしかたで、自然は人間の傾向性そのものの機構を通じて、永遠平和を保証する。なるほど、このような保証には、永遠平和の到来を（理論的に）予言するのに十分な確実さはないが、しかし実践的見地では十分な、この（たんに空想的ではない）目的に向かって努力することをわれわれに義務づけるだけの、確実さはあるのである。*8

公法の状態を実現することは、たとえ果てしなく前進しながら近づくことしかできないとしても、義務であり、しかもそれを実現する希望に根拠があるとすると、これまで誤ってそう呼ばれてきた平和条約締結（実は休戦状態にすぎない）のあとに続く真の永遠平和は、けっして空虚な理念ではなく、われわれに課せられた課題であって、この課題は次第に解決され、その目標に（同等の進歩が起こる期間は、おそらく次第に短くなるから）絶えず近づくことになろう。*9

永遠平和を実現すべく努力することは、変わることなくわれわれ人間の義務であり、自然の助力はあくまでその努力を後押しするものにすぎない。永遠平和は、まずもって理性的である限りでの人間の目的であり、それを追求することは義務であるが、自然は、理性的であると同時に感性的でもある人間の傾向を利用して、その目的の実現を促進しようとしているように見える。その点で、自然は人間の目的に一致しているように見える、とカントは考えているのである。

そして、自然もまた永遠平和を目的としているように見えるところからわれわれ人間が得るのは、永遠平和を樹立するという義務を果たす努力を続けることがけっして無駄ではない、という希望である。自然の助力の想定は、いわば希望の論理なのである。しかし、そのような希望をあえて語らなくてはならないということは、裏返せば、カントは永遠平和の実現の難しさを自覚しているということでもある。現実主義者としてのカントの姿が表れているように思われる。

2 永遠平和への努力と希望

永遠平和の実現をめぐる理想主義と現実主義

第1章で、カントが世界共和国を退け諸国家連合を採ったのはなぜか、という問いを考察したとき、〈諸国家は世界共和国を形成すべきだということを理論的には正しいと認めたとしても、それを実践的に認めようとはしない〉という現実主義的な認識と、〈法的状態としての国家の創設は何らかの力の強制、いわば「原初の暴力」によらなければ困難だ〉という現実主義的な認識が結びつくとき、もっとも説得力のある理由になる、と論じた。この現実主義的な認識も「付録二」で語られている。このような現実主義的な認識は、本書の第1章や第2章で見たカントの姿に、一見したところ、似つかわしくない。政治的現実主義と言えば、たとえば、合州国の新保守主義（いわゆる「ネオコン」）のような思想のことであって、通常カントの思想の対極にあるものとされる。事実、序章でも触れたように、現実主義を標榜する新保守主義の理論家、ロバート・ケーガンは、カントの永遠平和論を批判する形で自らの力の論理を正当化している。

しかし、カントの永遠平和論と新保守主義的な政治論とは、理想主義と現実主義という単純な拮抗関係に立つものでは、実はないのではないか。カントの永遠平和論も新保守主義の政治論も、戦争状態としての自然状態というホッブズ的前提から出発し、つねに国際社会の状況を考慮に入れて論じるという点では、いずれも現実主義的であり、人々の自由と平等に基づく共和的統治という――アメリカ合州国の「独立宣言」にも謳われた――理念の実現を目指すという点では、いずれも理想主義的である。両者はふつう思われている以上に共通点をもつように思われる。

実は、ケーガンもカントの永遠平和論を単純に否定したりはしない。むしろ、合州国の理念と相通じるものとして一定の評価を与えつつ、しかし、それがその理念を実現できないというところを、ホッブズの主張と対比させつつ、現実主義者らしく批判するのである。ヨーロッパがカント的な永遠平和を享受し、「ポストモダンの楽園」に浸っているのは結構なことだが、それは合州国の力によって実現されているのだ、と。[10]

カントが力の論理と袂を分かつのは、ここから先である。第1章で見たように、カントは何らかの力の強制による平和を認めない。そのような力を認めれば、強国が「世界共和制」ならぬ「世界君主制」をつくる恐れがある、というだけではなく、そもそも力の強制に訴えることそのことが、「根源的権利」としての自由の共存という純粋実践理性の理念に反するからである。だから、永遠平和の樹立は、国際連合による漸進的改革という非暴力的な手段によらなければならない。

この非暴力的な手段の主張は、「付録一」における道徳と政治との不一致をめぐる議論において、別の形で言い表される。カントは、「実践哲学を整合的なものにする」ために解決しなければならない問題は、「実践理性の課題に関して、実践理性の実質的原理、つまり（選択意志の対象である）目的から出発すべきなのか、それとも形式的原理、つまり（目的が何であれ）あなたの格率が普遍的法則となることを、あなたが意志することができるように行為せよ、という（外的関係における自由を基盤とするだけの）原理から出発すべきなのか、という問題である」[*11]とし、それに次のように答えている。

まったく疑う余地もなく、後者の原理が先行しなければならない。なぜなら、この原理は法の原理として無制約的な必然性をもつが、これに反して前者の原理は、立てられた目的の経験的制約を、つまりその目的が実現されることを前提としてのみ、強制力をもつからである。また、この目的が（たとえば永遠平和のように）たとえ義務であっても、この義務そのものは、外的行為にかかわる格率の形式的原理から導き出されなければならないからである。――ところで、前者の原理、つまり政治的道徳家の原理（…）は、たんなる技術的課題（problema technicum）であるが、これに反して後者の原理は道徳的政治家の原理であり、道徳的政治家にとってこの原理は道徳的課題（problema morale）である。この原理は、永遠平和をもたらす手続きの点で、前者の原理とは天地ほど異なっているが、それは、永遠平和はたんに自然的な善としてではなく、義務の承認から発現する状態としても希求されるからである。[*12]

永遠平和をまず目的として立て、それを実現する手段を講じるというやり方は、たちまち目的のためには手段を選ばない「政治的道徳家」の論理に転化してしまう。むしろ、定言命法の命じる義務を、すなわち各人の根源的権利としての自由の共存を可能ならしめるように行為するという義務を、実践することの延長線上に、永遠平和が成就するのでなければならない。永遠平和の実現への努力は、どこまでも道徳に適った方法でなされなければならないのである。
しかし、そのような理想主義の道が困難であることを、現実主義者としてのカントは自覚している。そこに、たんなる理想主義者やたんなる現実主義者ならば遭遇しない深刻な困難がある。

永遠平和の実現をめぐる悲観論

永遠平和の樹立を目標として努力する人間を自然が後押ししてくれると考え、それを「永遠平和の保証」と呼んで希望の根拠とするというカントの主張は、いかにも楽観的である。しかし、それは、裏を返せば、自然の助力に頼らなければ人間は永遠平和を樹立することができないということであり、その背後には理性をもつ限り人間は永遠平和のための原理を認識することができるが、それを実現することは非常に困難である、というきわめて現実主義的な認識がある。先に引いた箇所には「自然は、崇敬されてはいるが実践に向かっては無力な、普遍的で理性に基づく意志に対し、しかもまさにその利己的な傾向を用いて、助力を与えるのである」という文言すら見られた。

そして、道徳の政治に対する優位という考えには一点の曇りもないにもかかわらず、永遠平和の実現をめぐるカントの論調には悲観的な響きが混じる。「付録一」では、「まずもって純粋理性の国とその正義とを求めて努力せよ。そうすればあなたの目的（永遠平和という恵み）はおのずからかなえられるであろう」[*13]と、福音書の一節がもじって引かれている。「空の鳥、野の花を見なさい」と始まり、「明日のことは明日悩めばいいのだ。その日の苦労はその日で十分である」と終わるよく知られた一節[*14]からの引用である。しかし、その理由としてカントが挙げるのは、道徳には、目的を度外視したほうがかえってその目的に合致するという性質がある、といういささか心許ないものである。

その直後でカントが引く格言、「正義はなされよ、世界は滅ぶとも（fiat justitia, pereat mundus）」[*15]も、意味深長に響かずにはいない。カントはこのラテン語の格言を解説して、ドイツ語に直せば「正義よ、支配せよ、たとえ世界の悪者がそのためにすべて滅びるにしても」という意味だ、と述べているが、蛇足にも聞こえる。この格言が引かれる文脈は、〈国家の繁栄や福祉よりも、法の義務を優先すべし〉というものだが、これまで述べてきた文脈に置き直してみると、〈永遠平和を実現するための手段としては道徳に適ったもののみを採用せよ、たとえ永遠平和は実現しなくとも〉と取れなくはないのである。

同じような響きは「法論」の結語にも聞き取られる。そこでは「いかなる戦争もあるべからず」という力強い宣言が主旋律を成すが、同時に懐疑的な響きも混じるのである。

われわれのうちにある道徳的＝実践的理性は、その抗し難い拒否権を行使して宣言する。いかなる戦争もあるべからず、と。自然状態にあるわたしとあなたとの間であろうと、内的には法則に従う状態にあっても外的には（相互の関係において）法則のない状態にある諸国家としてのわれわれの間であろうと、戦争はあるべきではない。――というのも、誰であれこの〔戦争という〕方法によって自分の権利を追求すべきではないからである。したがって、永遠の平和はありうるのか、それともありえないのか、ありうると想定すれば、われわれは理論的判断において自己欺瞞をおかしているのではないか、ということはもはや問題にならない。永遠平和はおそらくありえないとしても、ありうるかのようにわれわれは行為しなければならない。永遠平和の樹立と、そのために最も適切と思われる体制（おそらくは、もれなくすべての国家による共和制）とを目指して努力しなければならない…。[*16]

続けてカントは言う。「このように普遍的で永続的な平和を樹立することは、たんなる理性の限界内における法論の一部にすぎないのではなく、それ全体の究極目的である…[*17]」。永遠平和の樹立は「法論」の究極目的であると明言される一方で、「永遠平和はおそらくありえないとしても、ありうるかのようにわれわれは行為しなければならない」と述べるのである。

永遠平和を樹立するために従うべき明確な原理、永遠平和の樹立を後押ししてくれる自然の助力という希望、その際どこまでも政治の優位に立つべき道徳、それらの曇りのない力強い主張とは裏腹に、永遠平和を現実に樹立することをめぐるカントの叙述には悲観的あるいは懐疑的な調子が紛れ込むのである。

3 カントの歴史哲学と宗教哲学

目的論的な歴史哲学

永遠平和の樹立に向けた人間の努力に自然が助力を与える、という主張が、カントの目的論的な自然観に由来することを先に見た。この自然観はカントの歴史観に結びついている。カントは目的論的な歴史観をもっていたのである。第1章で「世界市民的見地から見た普遍史の理念」(以下「普遍史の理念」と略記)という作品の一節を見たが、この作品では、「普遍史」すなわち世界史が人類の自然素質である理性が開化していく過程として論じられていた。理性が開化した結果実現されるのは世界市民体制であった。つまり、自然にはある目的ないし意図があり、それを実現する過程が歴史である、とカントは考えているのである。この自然の目的は、『永遠平和』では永遠平和とされ、『純粋理性批判』では道徳的世界、『判断力批判』では人間の道徳性とされるのだが、これらの目的は永遠平和に名の下に一括されると解釈してよいだろう。

とはいえ、カントは、われわれ人間が目的や意図をもつのと同じような意味で、自然が目的や意図をもっている、と考えているわけではない。目的や意図をもつのは理性をもつ存在者だけである。カントが言うのは、自然はあたかも目的をもっているように、理性をもつ人間には見える、ということにすぎない。このように、あたかも目的をもっているかのように見える、という自然の性質を、カントは「目的なき合目的性」という、逆説的な語句で実に巧みに表現している。自然は何らかの目的に適合している、つまり合目的的だが、実はそう見えるだけで、そのような目的が実在するわけではない、ということである。したがって、永遠平和を実現するための自然の助力も、「あたかも自然が永遠平和という目的へと人間を促しているかのように見える」ということであって、自然がそれを現実に意図しているということではない。

このような歴史哲学を支えているのは観察者(傍観者、第三者)の観点であって、行為者(実践者、当事者）の観点ではないという解釈がある。*18 この解釈によれば「永遠平和の保証」をめぐるカントの一見矛盾する言明を、整合的に理解することができる。戦争が平和に役立つという言明は、あくまで観察者の観点から見た歴史叙述によるものである。自然が戦争を平和という目的を実現する手段として用いているかのように、観察者としての人間には見える、ということである。それに対して、行為者としての人間には、戦争をすべきではないという義務が定言命法の形で意識される。行為者の観点からは、どこまでもその義務を果たす努力をすべきである。

このように観察者の観点と行為者の観点を区別することは、カントの矛盾するように見える主張を整合的に理解するのに有効である。だが、それによって問題は先鋭化しもする。行為者の観点から見て永遠平和の樹立が義務であり、われわれはその義務を果たす努力をすべきだとしても、その義務を果たすことはきわめて困難である、とカントもわれわれも認めているいま、いったいどうすべきなのか。「まずもって純粋理性の国とその正義とを求めて努力せよ。そうすればあなたの目的（永遠平和という恵み）はおのずからかなえられるであろう」や「正義はなされよ、世界は滅ぶとも」という先に引いた文言に示唆されているように、最善の努力をして最後は自然の摂理の成すに任せよ、人事を尽くして天命を待て、ということになるのだろうか。

カント哲学と宗教

永遠平和への努力を後押ししてくれる自然の助力というカントの議論を見るとき、読者の中には神の助力のことではないか、と考える人もいるだろう。カントは明示的には自然の摂理のことを語っているのだが、暗黙裡に神の摂理のことを語っているのではないか、と。そして、自然の助力という論理が、実は希望の論理だと気づくとき、その考えはいっそう強まる。宗教は、一般に、人間が希《こいねが》ってもかない難いものが、人智を越えた力によって恵みとして与えられることに対する希望を教える。そして、カント自身も、哲学の主要な問いの一つ「わたしは何を希望することが許されるか」に答えるのは宗教だ、と述べている。そこから、自然の助力を語るカントは、永遠平和の樹立が、実はもともとわれわれ人間の力を越えた事柄であり、神によって恵みとして与えられる他ないものであって、われわれはただそれを希望することができるだけだ、そう語っていると考えることもできるのである。

そうすると、カントが宗教をどう考えていたかがやはり気にかかる。先ほどの哲学の問いの一つからもわかるように、カントは宗教を哲学の重要な主題だと考えている。このことは、主著である三つの批判書すべてで神について語っていることからも明らかである。神は自由および魂の不死と並んで、人間が理性をもつ限り追求せずにはいられない「人間理性の究極目的」の一つである。ただし、カントは宗教をどこまでも理性に基づくものとして語ろうとする。カントにとって真の宗教とは理性的な信仰を内容とするものなのである。それは、カントの宗教論として知られる作品が『たんなる理性の限界内における宗教』（以下『宗教』と略記）と題されているところに端的に表れている。

『純粋理性批判』では、神は、理性が思考せざるをえない対象でありながら、その実在性が理論的に証明されえない「仮象」とされる。それが『実践理性批判』では、道徳的に善い人がそれにふさわしい幸福に与ることを保障する存在者として、その実在性が知られるとされる。人間は道徳に従って正しい行為を行い、善い人になるべきであるが、完全に正しい行為ができる完全に善い人になるには無限の努力が必要であり、その努力の結果それを果たしたとしても、その人間が幸福になるとは限らない。人間が完全に善い人になるためには、無限の努力を可能にする魂の不死が実在しなければならず、善い人間が幸福になるためには、それに配慮する神が実在しなければならないのである。

カントは道徳的に善い人がそれにふさわしい幸福に与ることを「最高善」と呼ぶ。そして、最高善が実現されるために、魂の不死や神が実在しなければならないことを「要請」と表現した。神の実在は理性によって「要請」されるのである。そして、『判断力批判』では、神は、われわれが自然を合目的的に理解するとき必然的に想定されるものとして、論じられる。

しかし、『永遠平和』では「神」についてまったく論じられていない。ここで思い起こされるのは、『永遠平和』を執筆した時期にカントが置かれていた政治的状況である。カントは、『永遠平和』出版の前年、一七九四年に、時のプロイセン国王、フリードリヒ＝ヴィルヘルム二世から問責を受け、それに応えて、宗教について講義や著述をしない、と誓約した。これは、プロイセン政府が、反キリスト教的との嫌疑をかけて大学教員を取り締まる中で起こった事件であった。『永遠平和』出版の二年後、一七九七年にフリードリヒ＝ヴィルヘルム二世が死去すると、カントは一七九八年の『諸学部の争い』でその顚末を暴露して、その不当性を訴えた。『永遠平和』に見られるユーモアのオブラートにくるんだ辛辣な言説の背景には、このような政治的状況もあると考えられる。*19

すると、『永遠平和』で「神」という語が見られないのは、こうした政治的状況の中で神に言及することを避けざるをえなかったためであり、自然の助力は神の助力と見なすことができるという推察もできなくはない。だが、この推察には反論が可能である。一つは、すでに一七八〇年代に書かれた

「世界市民的見地から見た普遍史の理念」において目的論的な歴史哲学を披露した際にも、神への言及は見られないことである。この文脈では、その他の文脈では神に言及するカントも、神という語を用いていないのである。むしろ、永遠平和の実現を語る際には、神に言及することを意識的に避けているようにも思われる。

『永遠平和』と宗教の関係については、第4章でさらに考察することになる。

4 カント哲学における「政治」の問題*[20]

カントに政治哲学はあるか？

こうして、われわれはカント哲学における「政治」の問題に突き当たる。すでに見たように、カントは、一方では永遠平和は道徳に適った方法によって追求されなければならないと力説している。しかし他方では、「崇敬されてはいるが実践に向かっては無力な」人間の実践理性は、永遠平和の樹立が人間の義務であることを認識し、永遠平和の基礎となる原理を認識することはできても、それを実現することができない、とも考えている。それならば、われわれは自然の機構による助力にひたすら頼むしかないのではないか。これら二つの両極端の間に、永遠平和の樹立への努力を有効にする方途は見出されないのだろうか。それこそ政治の役割なのではないだろうか。

カントは「法論の究極目的」は世界市民体制の樹立およびそれを通じた永遠平和の樹立である、ときっぱりと述べ、それを「最高の政治的善〔政治的最高善〕」とも呼んでいる。[*21] それに至る過程として人類の歴史を論じるのが論文「普遍史の理念」である。その主張の骨子を第1章で見た。自然の目的は、理性的存在者としての人間の自然素質が類として完全に発展させられることであり、その人間の理性的な自然素質が発展させられるためには市民社会が必要であり、市民社会が完全に実現されるためには世界市民状態が必要である、という内容であった。

しかし、カント哲学の枠内で政治について論じることには、少なからぬ困難が伴う。二〇世紀の哲学者、ハンナ・アーレントは『カント政治哲学講義』を著し、その中で、プラトンからヘーゲルに至るまでの歴史に名を残す多くの哲学者とは異なり、カントは政治哲学のまとまった作品を書かなかった、と述べている。『永遠平和』や『人倫の形而上学』の第一部「法論」などの政治哲学に関係の深い作品はカントの主要作品ではなく、カントの政治哲学の作品と目されるものは歴史に関連しているものが多く、歴史哲学を政治哲学の代用としている観すらある。このようにカントの政治哲学をめぐる状況を説明して、しかしなおカントには政治哲学がある、とアーレントは論じる。そして、『判断力批判』がカントの政治哲学の書だという、たいへん斬新な見解を提示するのである。

このアーレントの見解はいまではよく知られている。それは示唆に富み、同意できるところもあるが、しかし、残念ながら肝心なところで間違っているように思われる。それは、『永遠平和』や『人倫の形而上学』を不当に低く評価しているところである。序章で述べたように、わたしの見るところ『永遠平和』はカント哲学の見本のような作品であり、小品ながらも主要な作品の一つである。また、『人倫の形而上学』は、カントの法と国家に関する理論を骨太に展開し、近代の法哲学の一つの頂点を成す作品であり、これもカントの主要な作品の一つであると言わねばならない。にもかかわらず、アーレントは、アルトゥール・ショーペンハウアーがこの作品に下した酷評に倣って、この書を取るに足らないものと見なしているのである。たしかに、『人倫の形而上学』には編集上の不備が見られ、老衰の兆候が疑われるところがある。また、『基礎づけ』に始まるいわゆる批判期の道徳哲学とは異質と思われる内容を含んでおり、その連続性をめぐって研究者の間に見解の相違がある。しかし、そういった難点にもかかわらず、この書はカントの実践哲学の主要な作品の一つであることに変わりはない、というのがわたしの考えである。

理論的な法論と実践的な法論

とはいえ、『人倫の形而上学』や『永遠平和』に見られる政治哲学は法の原理を述べるものであり、カントもそれを「政治」とは呼ばず「道徳」と呼んでいる。「付録一」で、カントは道徳と政治の関係を、法の概念を間に置いて、次のように表現している。

道徳は、無条件に命令する諸法則の総体であり、われわれはその諸法則に従って行為すべきなのであるから、道徳はすでにそれ自体として、客観的な意味における実践である。したがって、この義務概念に権威を認めた後で、それをなすことができ、な、い、となお言おうとするのは、明らかに不合理である。その場合には、この義務概念はおのずから消滅することになるからである（…）。したがって、実践的な法論〔ausübernde Rechtslehre 実行する法論〕である政治と、理論的な法論〔theoretische Rechtslehre〕である道徳との間には、いかなる争いもありえない（したがって、実践と理論との間には、いかなる争いもありえない）。もっとも、道徳を一般的な思慮の教え、つまり利益をあれこれ打算する意図にもっとも役立つような手段を選ぶ格率についての理論と考えるなら、話は別であるが、しかし、これはそもそも道徳の存在を否定する考えなのである。*22

われわれがいま突き当たっているのは、この「実践的な法論」としての政治、法の原理を現実の世界に適用し実現する方途としての政治である。その意味での政治に関する論考には、アーレントが指摘していたように、歴史哲学に取って代わられているように見えるところがたしかにある。つまり、永遠平和を樹立するための努力としての政治が自然の助力に取って代わられているように見えるのである。

この難点は、道徳や法の原理に関するカント独特の思想によって、いっそう大きなものになるように思われる。カントは道徳的義務つまり道徳的な意味で行うべきことは、それを成すべきであるから成すことができる、と主張した。*23また、「理論では正しいかもしれないが実践の役には立たない」という世間でよく口にされる言説について、ほんとうに理論的に正しいならば実践の役にも立つと主張している。このような思想からすれば、永遠平和が真に実現すべき目的であり、その基礎となる正しい原理が認識されるとすれば、それはおのずから実現できるということになるだろう。それを実現する具体的な方途については、まるで無頓着であるかのようだ。

しかし、カントは永遠平和のための原理とその実現をつなぐ具体的な方途を、まったく論じていないわけではない。「付録一」で道徳と政治の不一致を語り、政治をめぐる問題を提起したカントは、「付録二」で道徳と政治の一致を語り、政治をめぐる問題に自ら答えを出しているのである。その答えの核を成す概念は「公開性」である。「公開性」の原語は Publizität で、「公表性」とも「公共性」とも翻訳されうる。*24

公開性の原理

「付録二」で道徳と政治を一致させるものとして次の原則が提示され、「公法の超越論的条件」と名づけられる。

他人の権利に関係する行為で、その格率が公開性と一致しないものは、すべて不正である。*25

カントの言う「超越論的条件」とは、簡単に言えば、ある物事が可能になるためのア・プリオリな条件のことである。「公法の超越論的条件」とは、そもそも公法というものが可能になるためのア・プリオリな条件だということになる。また、「格率」とは行為原則のことであった。つまり、他人の権利に影響しない事柄は別にして、公開されれば、あるいは公共的になれば、目的を達成できなくなるような行為原則は不正であり、公法に反するものだ、ということになる。たとえば、一国の大臣が〈個人的に親しい人々を政策上優遇する〉という格率をもっているとする。この行為原則は、公開されたとすれば、たちまち国民の非難を浴びて実行不可能になるだろう。したがって、この格率に従った行為は不正であると判定される。それくらいのことはどんな見識のない大臣も認識している（はずだ）から、そのような格率をもっていれば、隠し通そうとするだろう。

同じようなことは、カントの道徳哲学の根幹部でも論じられている。道徳の根本原理である定言命法の諸原理のうち「目的自体」の原理を第2章で見たが、もう一つの原理である「普遍性」は「公開性」にとてもよく似ているのだ。「普遍性」の原理とは、〈普遍的法則になることを意欲することができる格率にのみ従って行為せよ〉つまり〈普遍的法則になることを意欲することができない格率に従って行為するのは不正だ〉というものである。たとえば、〈自己利益になるならば守るつもりのない約束をする〉という格率は、普遍的法則になったとすれば、つまり、公共的なものになったとすれば、誰も約束というものを信じなくなり、そもそも約束すること自体が不可能になって、この格率の目的は遂げられなくなってしまう。だから、誰もこの格率が普遍的法則になることを意欲することはできず、この格率に従った行為は不正であると判定される。

国内政治であれ国際政治であれ、政治のあらゆる場面で公開性の原理が保たれるとすれば、道徳と政治は一致し、したがって永遠平和の樹立は原理に適った方途によって実現されるだろう。そして、情報公開の重要性は、カントの言う公開性の原理を待つまでもなく、多くの民主主義社会が認めるところである。しかし、自ら進んで公開性の原理に従う政治家がけっして多くはないこともまた、経験上よく知られた事実である。そこで、情報公開の原則を保つ工夫がさまざまな形で行われてきた。その原則は民主主義社会の制度として整えられてきただけではない。それに関わるジャーナリズムや市民社会における市民団体の意義も、広く認識されるようになってきたのである。この点でも、第2章で論じた世界市民社会の役割は大きいと言わねばならない。

さて、以上の公開性の原理は、正しくない（不正な）行為を明らかにするものであり、その意味で消極的なものである、とカントは論じる。そして、正しい行為を明らかにする積極的な原理として、次のものを提示するのである。

（その目的をのがさないために）公開性を必要とするすべての格率は、法と政治の双方に合致する。*26

この条件を満たす格率とは、具体的にはどのようなものだろうか。いずれにせよ、カントは永遠平和を目的として立て、それを実現するための手段を講じるという意味での政治を積極的には語らないのである。

カントが政治を語らない理由

『永遠平和』の序文でカントが実際的な政治家に対して皮肉を言っていることは、すでに見た通りである。実は「付録一」でも実際的な政治家の策謀や詭弁をこっぴどくこき下ろしている。序論で触れた、政治家の行状を言い当てていて「ハッとさせられる」文言は、ここに登場する。カントは実際的な政治家がよほど嫌いなようである。しかし、それが個人的な好悪の問題ではなく政治というものへの洞察の問題であることは、「付録一」をはじめとしてカントが政治を論じる箇所だけでなく、広く人間の行為に関するカントの見解からもうかがい知ることができる。

カントが永遠平和をめぐる政治を語らなかった第一の理由は、すでに見たように、永遠平和をまず目的として立て、それを実現する手段を講じるというやり方は、たちまち「政治的道徳家」の論理に転化してしまうところにある。むしろ、定言命法の命じる義務を、すなわち各人の根源的権利としての自由の共存を可能ならしめるように行為するという義務を実践することの延長線上に、永遠平和が成就するのでなければならない。

さて、永遠平和を目的として立て、その手段を講じるという政治的道徳家のやり方に対する批判を前にして思い起こされるのは、人間の行為というものに関するカントの理論である。カントが人間の行為原則の言表形式として定言命法と仮言命法とを区別し、道徳的な行為原則は定言命法の形でのみ言い表される、と主張したことはよく知られている。仮言命法は、自らの目的を立て、それを実現するための手段としての行為を指示する行為原則である。それに対して定言命法は、自らの立てる目的が何であるかにかかわらず、端的に行為を指示する行為原則である。たとえば、健康に生きることを目的としている人が従う行為原則は「健康に生きたいならば、食事に気をつけよ」などの仮言命法の形をとる。それに対して、道徳的な行為原則は端的に「約束を守れ」という定言命法の形をとる。「人の信用を失いたくなければ、約束を守れ」や「契約違反で訴えられたくなければ、約束を守れ」などの仮言命法の形で言い表された途端に、道徳的な行為原則ではなくなってしまう。

道徳哲学では道徳的な行為原則が主題になるから、定言命法が重視され、定言命法と仮言命法との差異が強調されるのは当然である。しかし、仮言命法が道徳的な行為原則の言表形式でないからといって、仮言命法の価値が否定されるわけではない。この点はよく誤解される。仮言命法に従って行為すること、つまり自らの目的を立て、それを実現するための手段を考え、その手段として仮言命法の形を採る行為原則を認識し、それに従って行為すること、それは自由で理性的な行為主体の際立った特徴の一つである。その仮言命法をカントは「熟練（技巧）の命法」と「思慮（怜悧）の命法」とに分類した。前者はある特定の具体的目的が設定されている場合に、それを実現するための手段としての行為を指令するものであるのに対し、後者は幸福という目的を実現するための手段としての行為を指令するものである。

熟練の命法においては、特定の目的が定まらなければ命法の内容も定まらない。そして、人間はさまざまに異なる目的もつ。それゆえ、熟練の命法はあらゆる理性的存在者に妥当するような普遍的法則を指令することができない。だが、理性あるすべての人間がもつと考えられる目的がある。それは幸福である。そして、自らの幸福を慮り、それを実現するための手段を考える能力を、カントは「思慮（怜悧）」と呼ぶ。思慮とは「自己の最大の幸福のための手段の選択」*[27]に関わる能力であり、自己の能力を「出会う可能性のあるあらゆる目的に役立つよう陶冶すること」*[28]である。

このような思慮によってもたらされる認識や原則が「実用的」と形容される。そして、思慮の概念は、文字通り「実用的」と表題に謳う『実用的見地における人間学』においてさらに展開される。『人間学』が扱う実用的認識とは、他の人々とうまく交際し、他の人々を自分の意図のために利用することに役立つ認識である。それは、複数の人間が現実に相互作用しあう状況における実践的な人間知だ、と言ってもよいだろう。そのような実用的認識に基づく思慮の命法こそは、現実的な政治的実践の指針と呼ばれるにふさわしいのではないだろうか。

だが、カントはそうは論じない。その第一の理由は、思慮の命法が明確に言い表されえないところにある。カントは論じる。幸福は「すべての傾向性の満足」[*29]などと定義されるが、誰もその実質的内容を明確に認識することはできず、ただ漠然と想像することができるだけである。自らの幸福の実質的内容を知るには「全知が必要であろう」[*30]。それゆえ、幸福になるための普遍的な原則を立てることはできず、せいぜいごく一般的な原則、たとえば、「節制すべきだ」「節約すべきだ」「礼儀正しくあるべきだ」といった原則を考えることができるのみである。それゆえ思慮の命法は、道徳の原理を与えることができないのはもちろんのこと、幸福という目的を実現するための行為原則すら、明確には与えることができない[*31]。結局、思慮の命法の場合は熟練の命法の場合とは違って幸福という明確な目的が与えられているように見えて、実は与えられていないのである。

ここで考察すべき目的は、もちろん、幸福ではなく永遠平和であるが、幸福を目的とすることの困難と同じ構造の困難があると考えてよかろう。すなわち、永遠平和は「理論的な法論」の究極目的として必然的に想定されるものであり、その「理論的な法論」の基本的原理を明確に示すことができても、それが所与の具体的状況の中でどのように実現されうるのかを、明確に規定することができない。そのため、それに関する仮言命法は成立しえないのである[*32]。われわれは永遠平和を実現するための完全な計画を立てることはできず、道徳的・法的に不正な行為や制度を除去し、現行の体制を永遠平和に適うものへと漸進的に改革していくしかない。つまり、永遠平和を実現するための具体的な政治的方策を明確に述べることはできないのである。ここに、カントが政治を語らない第二の理由があるように思われる。

さらにもう一つ、カントが政治を語らない理由として思い当たることがある。それは「判断力」をめぐるカントの考え方である。カントが判断力を主題としてまとまった考察をするのは『判断力批判』においてであるが、それ以前にも折に触れて判断力に言及している。たとえば、『基礎づけ』で、道徳の原理を認識するには常識によるだけで十分だが、その原理を現実の行為に適用するには「経験によって磨かれた判断力」[*33]が必要である、と言う。「経験によって磨かれた」と言われているところが重要である。判断力を養うには経験を積むしかないのであって、判断力の使い方を人や書物から学ぶことはできないのである。

同じようなことは『純粋理性批判』でも言われている。[*34] カントは言う。判断力は一つの特殊な才能であって、教えられることはできず、ただ訓練されるだけである。医者や裁判官が、病理学的な規則や法律学的な規則に精通していても、その規則を適用する際に容易に誤ることがあるのは、生まれつき判断力が欠けているか、判断力が「実例と実際の業務」によって磨かれていないかのいずれかによる。だから、判断力の欠如は学校教育によって補うことはできない。これは、現代のわれわれの経験に照らしても言えることではないだろうか。

まさにそのような判断力が、政治でも求められるように思われる。しかし、判断力がそのようなものであるからこそ、それに関する理論を体系的に述べることができない。それゆえ、判断力に基づく政治的実践知を提示することができないのである。

さて、カントが『純粋理性批判』や『基礎づけ』で論じている判断力は、普遍的な原理が与えられている場合に、それを個別的な状況に適用する能力である。それに対して『判断力批判』では、個別的な状況が与えられている場合に、普遍的な原理を見出すという、まったく働きの異なる判断力が論じられている。カントは、前者を「規定的判断力」、後者は「反省的判断力」と名づける。この反省的判断力を、アーレントは政治的判断力として読み解くことを提案したのであった。

この提案にわたしは留保つきで賛成する。賛成するのは、政治的判断とは、先に見たとおり、原理・原則が明確に与えられていない中で、個別的な状況を前にして下されるものだからである。留保をつけるのは、反省的判断力が政治的判断力の候補になりうることはその通りだとしても、それに留まらず、理論的判断力や道徳的判断力も含めた判断力一般に関与すると考えるからである。[*35]

しかし、反省的判断力を政治的判断力と見なすことができるとしても、残念ながら「実践的な法論」としての政治を語ることの困難は解消しない。なぜなら、カントは反省的判断力の原理を「共通感覚」という概念によって解明しようとするが、[*36]「共通感覚」は「無規定的な原理」であると述べているからである。規定的であろうと反省的であろうと、判断力の原理を明確に述べることはできず、したがって政治的実践知を語ることはできないのである。この点については、第4章でもう少し詳しく見ることになる。

*1 『カント全集』一四巻、二七八ページ（VIII 360-361）

*2 近代の自然科学が発展したのは、目的論的な自然観を退け機械論的な自然観を採ったからである。カントも自然科学の対象としての自然に関しては機械論的な見方を採っている。しかし、理性的存在者としての人間も含めた自然の歴史に関しては、目的論的な見方を採っているのである。

＊3『カント全集』一四巻、二八五ページ（VIII 365-366）
＊4『カント全集』一四巻、二八六ページ（VIII 366）
＊5『カント全集』一四巻、二八七ページ（VIII 367）
＊6『カント全集』一四巻、二八八ページ（VIII 367）
＊7『カント全集』一四巻、二八八ページ（VIII 368）
＊8『カント全集』一四巻、二八九ページ（VIII 368）
＊9『カント全集』一四巻、三一五ページ（VIII 386）
＊10 ロバート・ケーガン、『ネオコンの論理――アメリカ新保守主義の世界戦略』。このように力によって自由、平等、民主主義を守る合州国を、政治学者の藤原帰一は「デモクラシーの帝国」と呼んだ。この見解には疑問もあるかもしれない。たとえば、合州国は国家の利害の論理で動いているのであって、ジョージ・ブッシュ・ジュニア大統領の語る「自由」と「民主主義」はそれを隠蔽するためのレトリックにすぎない、あるいはせいぜいのところ「アメリカの」自由と民主主義にすぎない、という批判があった。しかし、藤原の評価によれば、合州国の外交は、たんに国益の最大化を図ることを目的としているだけでなく、「自由」や「民主主義」といった普遍的理念を実現するという大義によっても動いている。外交政策のもととなる意味づけとか価値観を考えるときには、エリートたちが対外政策に関して持っている共通了解を見るだけでは十分ではない。より広く社会の中で共有されている社会通念にまで視野を広げなければ、政策を受け入れ、それに支持を与える人々が何を考えているのか、捉えることはできない。議会と選挙を通じて、その社会通念が外交政策を縛っているとすれば、なおさらだろう（藤原帰一、『デモクラシーの帝国』、五三ページ）。社会通念だけではない。ネオコンの理論家ケーガンもまた、合州国は、建国以来の「自由」と「民主主義」の理念と無関係なところでたんに利害の論理で動くことはできない、と明言している。だが、同じことが二〇一七年に政権に就いたドナルド・トランプ大統領に当てはまるかどうかは、まったくもって怪しいという他ない。そういう大統領を合州国民が選んだこと自体の意味を、よく考える必要があろう。
＊11『カント全集』一四巻、三〇〇－三〇一ページ（VIII 376-377）
＊12『カント全集』一四巻、三〇一ページ（VIII 377）
＊13『カント全集』一四巻、三〇二ページ（VIII 378）
＊14『マタイによる福音』六・二六－三四
＊15『カント全集』一四巻、三〇三ページ（VIII 378）
＊16『カント全集』一一巻、二〇七ページ（VI 354）
＊17『カント全集』一一巻、二〇八ページ（VI 355）
＊18 浜田義文、「カントの永遠平和論」、九六ページ
＊19 カントの宗教論をめぐる事件の顛末については、マンフレッド・キューン、『カント伝』、第八章を参照のこと。

*20 本節の内容は次の拙論に基づく。寺田俊郎、「『カントに政治哲学があるか』という問いをめぐって」

*21 「最高の政治的善」すなわち「法論の究極目的」は世界市民体制であるが、それは後述の「道徳的世界」と軌を一にすると見ることができる。カントによれば道徳と幸福の一致としての道徳的最高善は現世では実現されないが、しかし、その過程は政治的最高善と軌を一にするからである。この点は前掲の拙論「世界市民の哲学としてのカント哲学」で論じた。

*22 『カント全集』一四巻、二九一ページ（VIII 370）

*23 この主張を明確に示す文言として『実践理性批判』の一節を挙げることができる。「こうして彼は、あることを為すべきであるがゆえに、そのことを為すことができる、と判断するのである」（『カント全集』七巻、一六五ページ（V 30））。

*24 「公共性」「公開性」に当たるもう一つのドイツ語の語としてÖffentlichkeitがある。

*25 『カント全集』一四巻、三〇七ページ（VIII 381）

*26 『カント全集』一四巻、三一四ページ（VIII 386）

*27 『カント全集』七巻、四六ページ（IV 416）

*28 『カント全集』一一巻、二五八ページ（VI 392）

*29 『カント全集』七巻、二一ページ（IV 399）

*30 『カント全集』七巻、四九ページ（IV 418）

*31 しかし、これは幸福が道徳の原理ではない決定的な理由にはなりえないだろう。むしろ、道徳は幸福になることではなく幸福に値することを教える、幸福は人間が自然に求めるものであって義務として求めるべきものではない、などのカントの信念のほうが決定的だと思われる。

*32 フォルカー・ゲアハルトも、これをカントにまとまった政治論がない唯一の理由として挙げている。フォルカー・ゲアハルト「実地の法論――カントの政治概念」

*33 『カント全集』七巻、八ページ（IV 389）

*34 『カント全集』四巻、二三七–二三八ページ（B 172-173）

*35 この点については次の拙論で論じたことがある。寺田俊郎、「反省的判断力としての道徳的判断力」

*36 『カント全集』八巻、一〇二–一〇六ページ（V 237-240）

第4章

永遠平和への道としての哲学

戦争をなくすための理論的な原則と実践的な方策、
いわば理想と現実の間にある大きな間隙を橋渡しできるのは
「世界市民的意味での哲学」である。
本章では、カントの「人間学」と「判断力」の構想まで含めて
検討することによって、政治をめぐるカントの考え方を整理し、
それを現実に行われている世界市民の活動に重ね合わせることによって、
戦争をなくすために哲学が果たす役割を再確認してみたい。

どうすれば戦争をなくすことができるか——この問いに答えて、カントは理論的な原則（理論的な法論）を示しているが、それを遂行する際に出遭うさまざまな困難を克服し、永遠平和を実現する実践的な政治（実践的な法論）を論じていない。その理由を第3章で見た。それは、簡潔に言えば、目的を立てそれを実現する手段を講じるというというやり方は、手段を選ばない政治的な道徳家の論理に陥りがちであること、永遠平和の実現に関わる思慮や判断力の普遍的原則を示すことができないことであった。

とはいえ、カントは永遠平和を実現するためには政治は必要ない、と主張しているとは思われない。永遠平和に適った国内体制と国際体制を構築し発展させ、最終的に世界市民体制へと向かっていくためには、その時々の具体的な状況の中で集団的な意思決定を行っていくこと、つまり政治が必要である。その中では、それぞれの状況の中で目的を実現するための手段を考えること、それを実現すべく人々を説得し、人々を動かすこと、すなわち思慮と判断力を働かせることが必要である。それをカントは否定しているわけではない。カントが言いたいのは、そういう政治の営みの原理をわれわれは明確に知ることはできず、ただ一つ明確に知られうるのは、道徳の原理の下で政治は行われなくてはならない、ということだと考えられる。

では、道徳の原理の下で政治を行うにはどうしたらよいのだろうか。「崇敬されてはいるが無力な」実践理性つまり意志の力によって、ひたすら道徳と法に適った行為を遂行するよう努力し、後は自然の摂理に任せるしかないのだろうか。カントが語っているのは、それだけだろうか。いや、それだけではない、というのが本書の答えである。個々の人間が意志の力によって道徳的な手段で永遠平和に向かう努力と、そのように努力する人間に希望を与える自然の助力に加えて、カントが語っていることが、たしかにある。それは、第3章で論じた、世界市民的意味での哲学の道であり、いわば人類の自己陶冶とでもいうべきものである。

どうすれば戦争をなくすことができるか――この問いに対する答えが「哲学によって」ではあまりにもお気楽だろうか。それは、たしかに、いわゆる政治とはずいぶん異なる姿をしてはいるが、理論的な法論としての道徳を実践に移す一つの方途なのだとすれば、実践的な法論としての政治であるには違いない。いや、世界市民の共和国《ポリス》に向けた人類の自己陶冶の道だとすれば、それこそが「政治《ポリティクス》」と呼ばれるにふさわしいとすら言いうるかもしれない。

1　永遠平和への道としての世界市民的意味での哲学

世界市民体制と世界市民的意味での哲学

本書第1章で、人類の歴史の最終目的は「普遍的に法を司る社会」すなわち世界市民体制である、と「普遍史の理念」でカントが主張したこと、そしてその理念が『永遠平和』においても保持されていることを見た。その「普遍史の理念」には、実は、われわれが本書第2章、第3章で考察した内容を先取りすることが述べられている。つまり、世界市民体制が実現されなければならないのは、自由を法によって厳密に規定し保証することによって、敵対関係にあるあらゆる人々の自由が共存することを可能にし、最大の自由を実現するためであること、そのためには法に適った市民体制としての国家が必要であること、しかし、その理念を実現することは極めて困難であること、である。

そして、それが困難であるのは、「実現可能な体制の本性の正確な把握」「世界の多くの出来事を通して訓練された豊かな経験」「何にもましてこの体制を引き受ける心構えのできた善い意志[*1]」を実現することが難しいからだ、とカントは論じる。

「実現可能な体制の本性の正確な把握」には理論的な法論の課題も含まれるが、それだけであれば、もはやそれほど困難ではないはずである。理論的な法論に関してはすでに明確な構想が示されている。むしろ困難なのは、理論的な法論に適った、つまり道徳の原理に適った体制が、人類の置かれている具体的な状況の下でいかにして可能であるかを見きわめることであり、これは実践的な法論の課題である。「世界の多くの出来事を通して訓練された豊かな経験」は、まさに「実践的な法論」の課題であると思われるが、同時に判断力や思慮の問題を思い起こさせもする。「この体制を引き受ける心構えのできた善い意志」は、世界市民体制が、――悪魔の国民にも可能な――たんなる相互強制による法的体制ではなく、人々の心のあり方に基づく道徳的世界であるために必要なものであり、カントの実践哲学の基本的な課題でもある。

「体制の本性の把握」「豊かな経験」「善い意志」という三つの課題を果たす方途は、世界市民的な思考様式とそれに基づく世界市民的意味での哲学である、というのがわたしの主張である。この主張が正しいとすれば、世界市民的な思考様式とそれに基づく世界市民的意味での哲学が、「どうすれば戦争をなくすことができるか」という問いへの、理論的な法論に続くもう一つの答えだということになる。

では、これら三つの課題は世界市民的な意味での哲学によってどのように果たされるのだろうか。カントによれば、世界市民的意味での哲学とは、人間が理性をもつ限り関心をもたずにはいられない事柄を理性的に探求することであった。世界市民的意味での哲学は、過去の哲学者たちの理論をただ学習することではなく、それを参考にしつつも、各人が自分で考え、他の人々とともに考え、探求することであった。そして、その探究は多元主義的な観点から行われなければならないのであった。

だが、そのような哲学的探究は、どのようにして三つの課題を果たすことにつながるのだろうか。わたしの見るところ、鍵を握るのは人間学と判断力である。

人間学

世界市民的意味での哲学にとって人間学が重要であることは、たとえば次の二つの言明に読み取ることができる。一つは、第3章で見た『永遠平和』「付録一」の道徳的な政治家と政治的な道徳家を対比する一節で、後者について述べられていることである。

…また、彼ら〔政治的な道徳家〕が、人々を知っていること（彼らは多くの人々と関わりあうから、これはもちろん期待できる）を誇りとしながら、人間というものを知らず、また人間が何になりうるかを知らずに（これを知るには、人間学的考察といういっそう高次の観点が必要である）、法の概念を扱うとすれば、すなわち、理性が命じる国内法や国際法に手を出すとすれば、どうであろうか。*2

裏を返せば「人間学的考察といういっそう高次の観点」から「法の概念」つまり「国内法や国際法」に関わるべきだということであろう。それでは、たんに「人々を知っていること」と「人間学的考察という高次の立場」とを分かつものは何か――それは世界市民的意味での哲学に他ならないのではないか。

もう一つは、世界市民的意味での哲学は人間学に帰着するという『論理学』の言明である。そこでは哲学の主要な問いとして、「わたしは何を知りうるか」「わたしは何を為すべきか」「わたしは何を希望してよいか」が挙げられ、さらにそれらは「人間とは何か」という一つの問いに帰着するとされ、この第四の問いには人間学が答えると言われている。*3 人間学があらゆる哲学的探究の帰着点だということになる。それは、しかし、どういうことだろうか。

「わたしは何を為すべきか」という問い、つまり道徳の問いを取り上げて考えよう。カントは、道徳の原理は経験に由来するもの（ア・ポステリオリなもの）ではなく、純粋な実践理性に由来するもの（ア・プリオリなもの）だと考え、そうである以上、人間に関する経験的な認識を扱う人間学は必要とされないばかりか、探究の誤りを避けるために用心深く除去されるべきだとすら考える。しかし、それは人間学が不要だということではない。道徳の原理を現実に適用するためには人間学が必要だ、とカントは言う。「わたしは何を為すべきか」という問いに答えるア・プリオリな原理が明確に示されたとしても、それを現実の状況の中で適切に実行するためには、さらに人間というものを知らねばならない、ということだろう。だから、道徳のア・プリオリな原理の探求とともに「人間とは何か」という問いが問われ、人間性の探究が行われなければならないのである。

さて、ここに言う人間学を、これまで何度か参照した『人間学』という作品で論じられている人間学と、同一視したくなるが、実は不用意にそうできない事情がある。公刊された『人間学』がカントの言う哲学の帰着点としての人間学かであるかどうかをめぐっては、研究者の間でも意見が分かれるのである。『人間学』は浅薄・瑣末な人間観察の寄せ集めに見えるところもあって、古くから低い評価があり、それを哲学の帰着点としての人間学と同一視することはできない、という意見もある。しかし、この『人間学』という作品は、哲学の帰着点としての人間学の完成された表現ではないとしても、少なくともそれに向けた試論である、とわたしは考える。この作品が明確に「人間学」と銘打たれていること、カントが長年にわたって続けた人間学の講義に基づく作品であることを考慮すれば、公刊された『人間学』がカントの人間学に連なるものだと考えないほうが、むしろ不合理だからである[*4]。

『人間学』が扱うのは、その表題に標榜されているように、実用的な認識である。実用的な認識とは、人々と交際し、人々を自分の目的実現するための手段として用いることに役立つ認識のことである。これは思慮の一種に他ならない。『人間学』が関わるのがそのような実用的認識であるとすれば、たしかに、世界市民的意味での哲学とはまったく次元を異にするようにも思わる。しかし、『人間学』において、実用的認識について「人間を世界市民として認識する内容になっていてこそ、人間学は実用的人間学と呼ばれるのである[*5]」と言われていることに注目したい。

人々と交際し、人々を自分の目的のために利用するためには、複数の人間が現実に相互行為しあう状況における人間の行状に関する知が必要である。それは、人間の行状に関する客観的で技術的な認識、つまりカントのいう熟練には留まらない、生きて相互行為しあう中で習得される、生きて相互行為しあう人間に関する認識である。前者の知が客観的な認識であり、いわば第三人称的であるのに対して、後者の知は相互主観的な認識であり、いわば第二人称的である。そのような認識によって構成される学こそ、実用的見地から見た人間学である、とは考えられないだろうか。*6

そして、そのような人間学は多元主義的であらざるをえない。なぜなら、自己中心的な人、他の人の立場に身を置いて考えない人は、生きて相互作用しあう人間に関する認識を得ることができず、他の人々とうまく交際し、他の人々を利用することができないからである。『人間学』で表明される多元主義的な世界市民の立場は実用的認識にとってこそ、必要なのである。

実用的認識は、道徳的行為やそれに先立つ道徳的判断に必要なものでもある。道徳の原理に関する認識がア・プリオリに与えられているからといって、具体的に何を行うべきかに関する認識がすでに与えられているわけではなく、現実に相互作用しあう人間に関する認識をも活用しつつ、各人が自分で判断しなければならないのである。そして、人間理性の究極目的である道徳的世界は、各人が現実に道徳的に行為することを通じてしか実現されない以上、同じことが道徳的世界についても言えるはずである。道徳の原理も道徳的世界の理念も人間学に基づくわけではないが、道徳の原理を実際に適用し道徳的世界の実現に近づくためには人間学が必要なのである。こうして、人間学は経験に依存しない（ア・プリオリな）認識を現実の世界へ接続する役割を果たす、と考えることができる。

このように道徳の原理に関する認識を現実の世界へと接続する実用的認識まで含めて、カントは世界市民的意味での哲学を構想していたのではないか――それがわたしの仮説である。この仮説によれば、『人間学』が標榜する実用的認識は、道徳的世界の理念に人間の意志が一致するための知恵に含まれることになる。

そして、その人間学的認識が、人間のあり方が多様であるに応じて絶えず更新されなければならないとすれば、カントが実際に出版した『人間学』もそれに貢献する一つの人間学の試みにすぎない、ということになる。実際、『人間学』の序論には次のような言明がある。

体系的に構想されながらも、実用的な観点から（…）一般向きに書かれた人間学には、読書する公衆にとっての利点が備わっている。…読者は人間の個々の何らかの特性を自分のテーマとして取り上げ、その観察結果を、人間学を構成する部門に提供しようとする気になるのである。こうして、人間学の研究は、この研究の愛好家たちの間におのずと広まっていき、その計画の統一性のゆえに次第に一つの全体へと統合されていくことになる。こうして、この広く一般に役立つ学問の成長が促進され加速されていくであろう。[*7]

つまり、カントは『人間学』を「人間とは何か」という問いをめぐる共同的な探究と見なし、自らの探究の成果を報告することによって、自らその共同の探究に参加するとともに「読書する公衆〔das lesende Publicum〕」に参加するよう呼びかけているのである。「啓蒙とは何か」に登場する「読者世界の公衆〔Publicum der Leserwelt〕」とほぼ同じ意味の「読書する公衆」という語句が使われていることに注目したい。人間学の探求は理性の公的使用に関連しているのである。このような人間性をめぐる共同の探究こそ、多元主義的で世界市民的な探究と呼ばれるにふさわしいように思われる。

判断力

すでに見たように、カントによれば、判断力の使い方を学ぶことはできず、ただ経験を通じてそれを磨いていくしかない。永遠平和を実現するためには、その時々の状況に応じて、道徳や法の原理に適った行為を遂行していかなければならないが、そのためには判断力が必要である。そして、具体的な状況の中で判断を積み重ね、正しい判断や誤った判断を下し、誤った判断を修正するという経験を積むことによって、判断力は鍛えられていく。このような判断力のあり方を考えるとき、カントが反省的判断力について述べていることはたいへん示唆的である。

『判断力批判』において、反省的判断力は規定的判断力と区別されて、次のように説明される。

> 判断力は、一般に、個別的なもの〔特殊的なもの〕を普遍的なものの下に含まれているものとして考える能力である。普遍的なもの（規則や原理や法則）が与えられているとき、個別的なものをその下に包摂する判断力は、(…) 規定的である。しかし、ただ個別的なものだけが与えられていて、判断力がこのもののために普遍的なものを見出さなければならないとすれば、判断力はたんに反省的である。*8

個別的なもの（特殊的なもの）が与えられているときに、判断力がそのもののために普遍的なものを見出すという反省的判断力の働きは、カントによれば、あるものが美しいという判断つまり美的判断に典型的に見られる（カントは美的判断を趣味判断とも呼ぶ）。たとえば「この花は美しい」という判断は、たんなる快・不快の判断とは違って、他のあらゆる人々に伝達して賛同してもらう可能性を前提しているのでなければ、真の美的判断とは言えない。その意味で美的判断は「主観的普遍性」をもつ、とカントは言う。美的判断は、一般に、主観的で人それぞれだと考えられがちだが、たしかにそうであるとしても、ただそれだけでは美的判断は成り立たず、ある種の普遍性ないし伝達可能性が必要だ、とカントは考えるのである

しかし、その伝達可能性は、たとえば「一般に花は美しい、ところでこれは花である、それゆえこれは美しい」という規定的判断が「一般に花は美しい」という認識をもつあらゆる人々に伝達可能であるのとは違って、端的に「この花は美しい」と判断するのであって、それ以上の規準をもたない。このように、反省的判断の規準は無規定的である。その規準を考えるうえで「共通感覚」[*9]という概念が役に立ちはするが、それもまた無規定的な規範である、とカントは言う。

この反省的判断力の無規定的な規範である「共通感覚」を、カントは次のように説明する。

だが、共通感覚ということで理解されなければならないのは、ある共同的な感覚の理念、つまりある判定能力の理念であって、この判定能力は、自らの反省において他のあらゆる人の表象様式を思考のうちで（ア・プリオリに）顧慮するが、それは自らの判断をいわば総体的な人間理

性と照らし合わせ、このことによって、ともすれば客観的と見なされかねない主観的な個人的諸条件から発して判断に不利な影響を及ぼすかもしれない錯覚から逃れるためなのである。さて、このことが生じるのは、人が自分の判断を他の人々の、現実的なというよりはむしろたんに可能的な諸判断と照らし合わせ、われわれ自身の判定に偶然的に付きまとうさまざまな制限をただ捨象することにより、他のあらゆる人の立場に自分を置き移すことによってであるが、さらに、このことが引き起こされるのは、表象状態のうちで質料すなわち感覚にあたるものをできるだけ除去し、もっぱら自分の表象もしくは自分の表象状態の形式的な諸特性に注意を払うことによるのである。*10

これに続いて登場するのは『論理学』や『人間学』にも登場するあの三つ組みの格率である。

次にあげる普通の人間悟性の諸格率は、趣味批判の一部としてここに属しているわけではないが、それでも趣味批判の諸原則を説明するのに役立ちうるであろう。それは次の通りである。(一) 自分で考えること、(二) 他のあらゆる人の立場に立って考えること、(三) いつも自分自身と一致して考えること。*11

美的判断の能力としての共通感覚と区別される普通の知性(普通の悟性、常識)としての共通感覚は、カント自身も断っているように、美的判断に固有のものではなく判断一般に関わるものであり、理論的判断（科学的判断）や実践的判断（道徳的判断）にも関わるはずである。美的判断とその他の判断との関係を、カントのテキストからさらに詳しく読み取ることは難しいが、少なくとも両者の間に共通の性質があると想定され、それに依拠して議論が進められていることは疑いえない。それは、他のあらゆる人々の立場に身を置いて考えることによって、自分の判断が普遍的に伝達可能であるかどうかを判定する、というものである。

カントが共通感覚を「共同的な感覚」と呼ぶとき、まず連想されるのは、特定の共同体の構成員に共有される感覚であろう。*12 だが、ここでいう共同性は特定の共同体に基づくものだとは思われない。なぜなら、その共同性は、「自分の判断を他の人々の、現実的なというよりはむしろたんに可能的な諸判断と照らし合わせ」「他のあらゆる人の立場に自分を置き移すこと」によって成立するものだからである。その共同性は、特定の共同体の構成員としての人間というよりも、むしろ理性的である限りでの人間、あるいは人間的である限りでの理性的存在者の共同性に他ならないように思われる。そのような共同性によってつながれた人々の一人として自らの判断を他の人々の立場・観点から吟味し、それが他の人々にも伝達可能であるかどうかを判定する能力こそ、共通感覚である。

さて、「経験によって磨かれた」判断力と言う場合の「経験」とは、このような共通感覚の働きも含めた経験だと考えられないだろうか。つまり、判断力を磨くとは、たんに実例を模倣し、反復練習によって習慣を身につけるというようなことではない。他のさまざまな人々の立場に身を置き移し、自らの人々と意思伝達することを通じて、他の人々の可能的な判断と自分の判断とを照らしあわせ、自らの考えが伝達可能であるかどうか吟味するという経験である。それは、特定の共同体の規範や行動様式を吸収し習得するということとは異なることである。

そこでカントが反省的判断力の原理として念頭に置いているのは、可能的な他者の立場・観点から判断を反省・吟味することであり、現実的な他者の立場・観点から反省・吟味することではない。普遍的な伝達可能性とは、厳密な意味では、あらゆる理性的な人々の立場・観点から見て賛同可能だということ、あらゆる理性的な人々の賛同を得ることができるということであろう。自分の判断を「いわば総体的な人間理性」と照らし合わせて見るとは、そういうことである。

しかし、それは一つの理念としては認められるにしても、われわれが現実にできることではない。われわれにできることは、構想力（想像力）を働かせて何人かの可能的な他者を想定し、その立場・観点から伝達可能性を判定すること、あるいは、実際に人々に意思伝達してみて賛同を得られるかどうか確かめること、この二つしかないように思われる。いずれの場合も、どこまでも主観的普遍性にしか到達できない。そうだとすれば、最終的に正しい判断を下すことはできないことになる。われわれは、あらゆる理性的な人々への伝達可能性を理念として掲げつつ、想像力を働かせて可能的な他者を想定することを通じて、また、現実の理性的な人々と実際に意思伝達しあうことを通じて、暫定的な判断を下し続けることとしかできないのだ。一つだけ確かに言いうることは、誤った判断を修復する可能性も、理性的な人々の共同体的な探求の重要な構成要素であり、その修復の可能性を否定したり阻害したりするような判断は、端的に不正だということである。

道徳性

人間学と判断力とはいずれも「実現可能な体制の本性の把握」「豊かな経験」「善い意志」という三つの課題を果たすことに寄与する。これら三つの課題の中で、カントがもっとも重視したのは最後の「善い意志」であり、したがって道徳性である。その道徳性について「普遍史の理念」でカントが語ることを見よう。

カントは世界市民状態（世界市民体制）に至る発展を「文化（開化）」「文明化（市民化）」「道徳化」の三段階に分けて叙述する。

> われわれは、芸術学問によって高度な文化をもち（cultivieren＝開化している）、種々の社会的礼節や上品さにおいて煩わしいほどに文明化されている（zivilisieren＝市民化している）。しかし、われわれがすでに道徳化されていると考えるためにはまだ非常に多くのものが欠けている。…われわれは、国家が国力のすべてを無益で暴力的な領土拡張という目的に使用し、市民が思考様式をゆっくり心のなかに苦労して形成するのをそのため絶えず阻止し、市民のこの目的を支持するものすべてを市民自身から奪っている間は、市民による思考様式の形成については何も期待できない。…道徳的に善い心のあり方に接木されていない善はすべて、まったくの見せかけで外面だけ輝いている悲惨以外の何ものでもない。おそらく人類は、混沌とした状況にある国際関係からわたしが語ってきたようなやり方で抜け出すまで、こうした状態のままであろう。[*13]

このように、カントは諸国家間の連合体制や世界市民体制が政治体制として整うことだけでなく、人類が道徳化することが真の世界市民体制の完成のために必要だと考え、その道徳化を市民が思考様式を自ら形成することと言い換えている。この思考様式とは、世界市民的な思考様式に他なるまい。そして、そのような思考様式を形成するためには、逆に、平和のための政治体制が整っていることが条件となるというわけである。道徳性すなわち世界市民の思考様式の形成と平和のための法的体制とは相互に必要としあっている。

このような「文化〔開化〕」「文明化〔市民化〕」「道徳化」の発展段階は、『人間学』では「技術的素質」「実用的素質」「道徳的素質」という三つの人間の自然素質に結びつけて論じられている。この「技術的」「実用的」「道徳的」という三つの素質が、「文化」「文明化」「道徳化」という三つの発展段階に対応するものとして論じられるのである。これら人間の三つの素質および段階は、時系列的に段階を追って克服され廃棄されるものではなく、重層的に人類の発展を構成しているものと解されるべきだろう。技術的素質も実用的素質も発展すべきであり、文化の段階も文明化の段階もさらに高められるべきであり、道徳化とはそれらの素質が道徳性に取って代わられることではなく、道徳性の下に置かれることなのである。*14

道徳性の下に置かれるのでなければ、人間の技術的素質や実用的素質の発展によって得られた成果は、「まったくの見せかけで外面だけ輝いている悲惨」でしかない。そして、道徳性の実現が困難であるのは、その「目的の達成が諸個人の自由な一致によってではなくて、ただ、世界市民的に結合された体系としての人類における、またそのような人類を目指す地上の市民たちの前進する組織によってだけ、期待されうるものだからである」[15]。ここにも、人間の素質全般の発展、とりわけ道徳的素質の発展のためには諸国家連合や世界市民体制が必要条件となる、という主張を読み取ることができる[16]。

そして、人類の道徳的素質を発展させ人類を道徳化するものは、世界市民的な思考様式であり、世界市民的な思考様式は世界市民的意味での哲学と密接に結びついている。世界市民的意味での哲学とは、第2章で見たように、人間が理性をもつ限り関心をもたずにはいないことについて、自分で考え、他の人々とともに考えることである。そして、それは特定の共同体に囚われないで思考するという理性の公的使用と多元主義的な思考、および地球上のどこにいてもよく、誰と交際してもよい、という世界市民の権利、これら二つによって支えられる。

ここで、カントのいう道徳の原理が多元主義の立場に立つことをもう一度確認しよう。これは、第3章で、実践的（道徳的）自己中心主義の批判を検討した際に、見たことである。実践的（道徳的）自己中心主義とは、自己の目的のみを目的と認めるような立場のことであった。それに対置される実践的（道徳的）多元主義をカントは詳述していないが、自己中心主義の記述から推察すれば、自己の目的の他にもさまざまな目的があり、そのさまざまな目的をもつさまざまな主体があることを認める立場だということになるだろう。この立場は『基礎づけ』における「目的の国」の理念とともに「法論」における法の普遍的原理にも確認される。道徳的世界は多元主義的な世界であり、そのような多元主義的な道徳的世界を世界市民的意味での哲学は究極目的とするのである。

しかし、究極目的として目指されるのが多元主義的な世界だという解釈に、カントの道徳哲学を少しでも知っている人は異を唱えるかもしれない。カントは一つの普遍的な道徳の原理があることを主張したのではないか、と。だとすれば、その一つの普遍的な原理を認識することを、世界概念の哲学は、究極的には、目指すはずであり、それは多元主義と矛盾するのではないか——もっともな疑問である。

この疑問に対しては二つの答えが可能だろう。一つは、多元主義の原理こそがその一つの普遍的な原理だというものである。つまり、自己の目的の他にもさまざまな目的があり、そのさまざまな目的をもつさまざまな主体があることを認める多元主義は、一つの普遍的な立場なのである。もう一つの答えは、知恵への道は、各人が理性の関心と原理とに従い、他の人々が多様に試みた道を「探究」し「批判」し「拒否」する権利を行使しながら歩むしかない、ということである。道徳の原理は人間理性にすでに備わっているとしても、それを明確に認識し、適切に実践するには、多様な人々との対話的な探究が必要なのである。このことは『実践理性批判』や『道徳形而上学』だけでなく、『教育学』などでも表明されている。そのような探究が前提としているのは、多様な意見があることを認め、それこそが探究の出発点であることを認める多元主義的な態度に他ならない。*17

宗教

人類の道徳性を高める道について、カントは、世界市民的意味での哲学とは異なった観点からも語っている。永遠平和の実現をめぐって、カントが自然の摂理を語り、それが宗教的な意味あいをもつことをすでに見た。永遠平和の実現に向けて、自然があたかも人間の背中を押してくれかのように思われること、それが、永遠平和に向かうほとんど絶望的とも思われる努力に希望を与えてくれること、それは、すでに述べたように、宗教に通じるものである。しかし、宗教を主題とする作品『宗教』でカントは、それとはまた別の角度から宗教について語ってもいる。

カントによれば、人間は理性をもつ限り道徳の原理を知っているにもかかわらず、感性の影響も受けるために、その道徳の原理に自己の幸福を優先させてしまう性癖をもっている。この道徳の原理と自己の幸福の優先順位を転倒させる性癖のことをカントは「根本悪」と呼ぶ。[*18] この根本悪から人間を救い、人間の道徳性を促進するのが宗教である。人間が道徳性を高めるためには、先に見た通り、政治体制としての世界市民体制が整うことが必要であるが、それだけでは足りず、さらに各人に善い意志が備わることが必要である。そのような善い意志を備えた人々の共同体を、カントは「倫理的公共体」と呼ぶ。「法的共同体」や「政治的共同体」と対照を成す表現である。世界市民体制は、たんに「法的共同体」ないし「政治的共同体」であるだけではなく、「倫理的共同体」でもなければならないということになる。この「倫理的共同体」を形成する役割をカントは「教会」に求める。[*19]

「教会」という呼称はもちろんのこと、「根本悪」という原罪の思想を想起させる概念を見れば、カントが念頭に置いているのがキリスト教の諸教派であることは明らかである。他にもカントは「神の子」（ナザレのイエスのこと）などキリスト教的な表象を用いて宗教を論じている。そもそも『宗教』は、カントの宗教哲学がキリスト教の教えと矛盾するものではないことを示すために書かれたという事情もある。しかし、ここにいう「教会」を、キリスト教の諸教派に限定する必要はないだろう。

すでに第3章で見たように、カントが考える宗教は理性的信仰に基づくものであり、そうである限り、理性をもつ誰もが納得しうる普遍性をもつ。それに対して、キリスト教の諸教派は、歴史的な信仰であり、時代や地域の制約を受け、普遍性をもちえない。カントは理性的信仰によって一つに結ばれた人々の共同体の理想を「見えない教会」と表現し、その理想を原型として地上に実現される共同体を真の「見える教会」と表現している。「見えない教会」の理想に合致している限り、どの宗教的共同体も真の「見える教会」であり、それに合致していなければ、たとえキリスト教の教派であっても真の「見える教会」ではない、ということになる。

それは『宗教』の次の一節からも明らかである。

ただ一つの真の宗教があるだけである。しかし、多様な種類の信仰が存在しうる。——さらに加えて、その信仰の種類の相違のために互いに分かたれている多様な教会のうちには、それにもかかわらず一にして同一の真の宗教が見出されうる、と言うことができる。

そこで、この人はかくかくの（ユダヤ教の、イスラームの、キリスト教の、カトリックの、プロテスタントの）信仰をもっていると言うほうが（また実際そう言うことが多いが）、かくかくの宗教をもっているというより適切である。[*20]

既存の諸宗派（すなわち諸信仰）は、一般に、それらが理性的宗教の理想を原型としている限りにおいて一つの宗教であり、倫理的公共体の形成に、すなわち人間の道徳化に、寄与すると解釈することができる。

この思想は現代にも通用するのではないだろうか。既存の諸教派は往々にして人々の対立の要因にもなるが、諸宗派に共通する宗教性あるいは宗教的なものは、本来、人間に道徳的な意味で善い人間になることを教え、弱い人間にもそれが可能であるという希望を与えるものである。現代世界の状況に鑑みるとき、世界宗教として人類の多数が帰依するキリスト教、イスラーム、仏教には、特にその役割を果たすことが期待されてしかるべきである。

世界市民的意味での哲学の要点

世界市民的意味での哲学が戦争をなくす道であることを論じてきた。論述が多岐にわたり、少々長くなったので、振り返ってまとめてみよう。世界市民的意味での哲学が人類を永遠平和に導くのはどのようにしてか——それを考えるとき、次の三点が重要である。「人間とは何か」という問いを問い、人間性の探求を続けることによって、人間性とそれに関する知を陶冶すること、つねに想像力を使って普遍的な判断を目指し、それを繰り返すことによって判断力を陶冶すること、そして、それらを通じて道徳性を陶冶すること。そのようにして人類が自己を陶冶することによってはじめて、人類は世界市民体制の完成に向かい、永遠平和の実現に近づくことができる。そして、さらに道徳性の陶冶に寄与するものとして、宗教の役割を無視することはできない。

2 現代世界に生きる世界市民的意味での哲学

世界市民社会と哲学

第3章で、ピースフル・トゥモロウズというNGOを世界市民の例として紹介した。ピースフル・トゥモロウズが、〈世界市民の法・権利の主体〉という意味で、そして、〈世界市民的な思考様式の主体〉という意味で、世界市民であることはすでに見たが、果たして、〈世界市民的意味での哲学の主体〉という意味でも世界市民であると言えるだろうか――この問いは後回しにしたのだが、前章と本章の考察を踏まえるならば、そう言ってよいのではないだろうか。なぜなら、ピースフル・トゥモロウズの人々は道徳的世界としての世界市民体制へと、つまり永遠平和へと続く道を試行錯誤しながら歩む中で、自ら人間性の探究と陶冶を遂行するとともに、他の人々にもその機会を与え続けているからである。

もちろん、彼ら・彼女らの活動の眼目は、戦争を阻止し、戦争被害者を支援し、人権を擁護することにあるのであって、哲学することにはない。彼ら・彼女らは政治的権力を直接に行使することによってではなく、国内外の世論・公論に訴えることによって、その目的を実現しようとする。しかし、その活動を通じて、彼ら・彼女ら自身も学び、その学びを世界に発信し、他の人々が学ぶ機会を提供している。まずは、戦争と戦争被害者の実情について、戦争に対する諸国家の態度について、世界の人権の状況について、そして何より「九・一一」の事件とそれが後世に残した教訓について。

しかし、彼ら・彼女らが自ら遂行し他の人々に提供しているのは、そのような事実に関する学びばかりではない。その学びの中で、人間が理性をもつ限り関心をもたざるをえないさまざまな事柄、人間が生きるうえで重要なさまざまな事柄が問われ、それをめぐって対話的で哲学的な思考が行われるのである。そして、それを通じて道徳性が陶冶されると同時に、人間に関する実用的認識および判断力も陶冶される。それは「哲学」とは銘打たれていなくても、世界市民的意味での哲学に非常に近いもの、いや、世界市民的意味での哲学そのものである。その哲学的営為はやがて「わたしは何を知ることができるか」「わたしは何を為すべきか」「わたしは何を希望することが許されるか」「人間とは何か」という哲学的な問いに収斂していき、それをめぐってさらに対話的な思考が続いていくだろう。同じことは、世界市民の法と権利を行使するとともに擁護し、世界市民的な思考様式をもつすべての人々、そしてその人々からなる世界市民社会についても言いうるのではないだろうか。

そうした世界市民社会のみならず、それと協働する形で、諸国家から成る国際社会も人類の学びの場を提供している。国際連合の主眼は、もちろん、戦争を予防し、紛争を解決し、その他諸国家間で生じる諸問題を解決することである。国際連合は、国際法を整備し国家間を調停することによってその目的を実現しようとする。しかし、その活動を通じて、国々も人々も人類がこれまで経験してきたことを共有し、現在人類が置かれている状況について学ぶ。

しかし、国々と人々の学びは、そのような事実に関するものには終わらない。そこでは哲学的な問いが問われ、対話的で哲学的な思考が行われる。「熟議（deliberation）」とはそのような哲学的な思考を伴う政治的討論のことでなくて何であろう。そして、それを通じて道徳性、実用的認識、判断力が陶治される。それは「哲学」とは銘打たれていなくても、世界市民的意味での哲学以外の何ものでもないだろう。

さて、第2章で、一九九〇年代ごろから、国際的なNGOがグローバルな問題を解決するための国際会議で影響力を発揮するようになり、今日ではNGOは問題解決にとって不可欠の存在になっていることを見た。しかし、市民団体の発展は、国際的なものに限られるわけではない。地球全体に関わる問題に限らず、それぞれの地域の問題に取り組むNGOもまた発展している。地球規模《グローバル》であるか地域規模《ローカル》であるかを問わず、各国政府や行政機関、国際機関などから独立に活動する市民団体が、国家や国際機関の政策決定に影響を与えるのである。

この点を重視する市民社会論がある。たとえば、ハーバーマスは、国家からも市場からも独立した市民社会が存在することの重要性を次のように論じている。[*21] 国家は権力によって機能する政治社会であり、市場は貨幣によって機能する経済社会であるのに対し、市民社会はコミュニケーションによって機能する生活世界である。その生活世界としての市民社会が国家や市場から相対的に独立を保ち、それらに影響を与えることは、生活世界が国家や市場の論理のみによって支配されないために必要である。

このような考え方に対しては、民主主義国においては市民の代表者が議会で審議し、立法し、政策を決定するのだから、市民社会がそれに関わるのは余計なことではないか、という疑問が向けられてもおかしくない。原理的に言えばたしかにそうである。しかし、事実として、民主主義国といえども、特に巨大な官僚制を必要とする現代国家は、いったん政治体制として確立してしまうと、もっぱら権力の論理によって機能するシステムと化し、生活世界の論理や倫理が通らなくなることは、われわれも経験していることである。民主主義が健全に機能するためにも、国家から相対的に独立な公共領域としての市民社会が確保されなければならないのである。[*22]

それならば、国家を廃して市民社会だけにすればいいのではないか。これももっともな疑問であり、魅力的な提案でもある。しかし、市民社会が国家の役割を担うようになれば、今度は市民社会が権力によって支配される政治社会と化してしまい、自由な熟議の場が失われてしまう。すぐ後で見ることになるが、哲学者が統治者になることにカントが反対した理由を、その線で解釈することもできる。

さて、世界市民体制も政治体制として確立すれば、権力によって支配される政治社会と化してしまうとすれば、世界共和国を樹立するのではなく国連と世界市民社会の相補的かつ拮抗的な関係を充実させるほうが望ましいのではないか——第1章で検討した世界共和国の是非をめぐる考察に新たに有力な指針を与える意見であるが、ここでは詳しく論じる余裕がない。[*23] 国連が諸国家連合のまま留まろうと世界共和国になろうと、世界市民社会の重要性は変わらないので、ここでは措くことにしてよいだろう。

むしろ確認しておきたいのは、この新しい市民社会論に、世界市民的な思考様式や世界市民的な哲学が密接に関係しているということである。戦争をなくすための法や政治体制の整備はもちろん重要だが、それだけでは真の平和は訪れない。永遠平和に近づいていくための「知恵」を培うためには、法や政治体制の整備と並んで、世界市民的意味での哲学による人類の自己陶冶が不可欠であり、それを提供するにふさわしいのは市民社会であるということ、それを心に留めておきたい。

哲学の専門家の役割

『永遠平和』の「第二補説」は「永遠平和の秘密条項」と題されている。この表題からしてすでにカントのユーモアの感覚が光るが、その内容も振るっている。少し長くなるが、引用しよう。

公法に関する交渉の過程で現れる秘密条項は、客観的には、すなわち、その内容から見れば、一つの矛盾である。しかし、主観的には、つまり、それを命じる人格の質の面から判断すれば、自らをその条項の作成者であると公に声明することが、自らの品位が貶めるおそれがあるとその人が思う場合、そこに十分秘密が成立しうるのである。

この種の条項はただ一つだけであるが、それは次の命題のうちに含まれている。公の平和を可能にする諸条件に関する哲学者の格率が、戦争に向けて軍備を整えている諸国家によって、助言として受けとられるべきである。

しかし、国家には当然最大の知恵があるものと見なされているはずだから、国家の立法に関わる権威にとって、他の諸国家に対してどのような態度をとるべきかの原則に関して、臣民たち(つまり哲学者たち)に教えを求めるのは、権威を傷つけることのように思われよう。しかしそれでもなお、哲学者に教えを求めることは、きわめて望ましいことなのである。だから国家は、哲学者たちに、無言で(つまり、国家はそれを秘密にして)、そのように忠告することを促すことだろう。それは、すなわち、国家は、哲学者たちに、戦争遂行および平和樹立の普遍的格率について、自由にまた公然と発言させるだろう、ということである(というのも、彼らは、禁止さえしなければ、自ら進んで発言するだろうから）……。

国王が哲学をし、あるいは哲学者が国王になるというようなことは、待望されるべきことではなく、また願われるべきことでもない。その理由は、権力の所有は、理性の自由な判断を必ず損なうことになるからである。だが、国王たちが、あるいは（自らを平等の法則に従って支配する）王様のような諸国民が、哲学者の階級を消滅させたり、沈黙させたりしないで、むしろ公然と語らせることは、両者にとってそれぞれの仕事を解明するために必要不可欠なことである。[*24]

戦争に関して権力者は哲学者の意見に耳を傾けるべきである。しかし、権力者が哲学者ごときに意見を求めるのは恥なので、それは秘密にされなければならず、その条項は秘密条項とされる。しかし、権力者が恥をかかずに哲学者の言うことを聴く方法が一つある。それは哲学者に公共的に自由に議論させることである——権力者に対する何と痛烈な皮肉であろう。

この条項の背景にも先述のカントの政治的苦境があることは、容易に推察される。カントは、プロイセン国王フリードリヒ・ヴィルヘルム二世が死去して間もなく、『諸学部の争い』（一七九八年）という作品を出版し、その中でフリードリヒ・ヴィルヘルム二世の問責とそれに対する自らの誓約の顚末を公表した。そして、大学の組織内では下級学部である哲学部が、上級学部である法学部、医学部、神学部の専門学部に対してもっている重要性を主張する。法学、医学、神学が大学の主要な学問分野であり、哲学は一教養科目にすぎないのは中世の大学以来の伝統であり、何もカントの時代に始まったことではないが、カントは法学部、医学部、神学部を国民の幸福に奉仕する専門家を養成する機関と位置づけ、それに対して自由に批判的な議論をする機関として哲学部を位置づけるのである。今度はユーモアの煙幕を張ることなく堂々と、哲学者の批判に耳を傾けることの重要性を主張しているのである。

法学部、医学部、神学部の専門家たちは、カントの言う「理性技術者」だと言ってよいだろう。哲学部の専門家たちも、哲学という学問分野の専門家である以上「理性技術者」には違いないが、しかし、哲学の専門家が「理性技術者」に留まっていては、その本来の役割を果たすことはできない。このことは第3章でも確認した。哲学の専門家は、同時に、世界市民的意味での哲学に携わる人でもなくてはならない。多元主義的な世界市民的な思考様式をもち、世界概念による哲学の道を、自ら考え他の人々と対話しながら歩む人でなければならない。

ちなみに、「啓蒙とは何か」の中に「ただ一人の君主だけが、好きなことについて好きなだけ論議せよ、ただし服従せよ、と言う」という文言が二度出てくる。あのフリードリヒ二世のことである。カントを問責したフリードリヒ・ヴィルヘルム二世の先代である。この文言からは、フリードリヒ二世に対するカントの真の評価は読み取られない。それは賛辞にも皮肉にも取られる。だが、フリードリヒ・ヴィルヘルム二世に比べればはるかにましな君主だったことは間違いないだろう。[*25]

哲学者は政治に携わるべきではなく、政治的権力者に助言や忠告を与える者になるべきだ――このような哲学者の役割に関する見方は、なにもカントに始まるものではない。すでにソクラテスがそのような考えを表明していることを、プラトンが『ソクラテスの弁明』で伝えている。[*26]その作品の中で、ソクラテスは、自分が政治ではなく哲学に携わる理由を説明し、自分のことを「虻」になぞらえている。優良だが少々図体が大きいために鈍い馬のようなアテナイという都市国家をちくちく刺して目覚めさせるのが、自分の役割だ、と。ソクラテスという虻は、しかし、針ではなく哲学的な問答によって政治的共同体を刺す。このような哲学の専門家の役割に関する見方を、カントも受け継いでいるのである。[*27]

世界市民社会とともに生きる哲学

以上述べたことは、国連が哲学教育に関して示している見解とも一致している。国連教育科学文化機関（UNESCO）が「哲学のためのパリ宣言」で「すべての個人はどこにいても、あらゆる形の哲学の自由な研究に…それが実践されているすべての場所で、参加する権利を有するべきである」[*28]と宣言しているのである。その「宣言」の前提となる認識には次のものが含まれている。

…哲学教育は、自立心に富み深く考えることができ、さまざまな種類のプロパガンダに抵抗できる人々を教育することによって、現代世界の大きな諸問題、特に倫理の領域にある諸問題に関して市民各人が責任を負うことを教える。

…教育と文化生活において哲学的討論を進展させることは、いかなる民主主義国においても基本となる市民の判断能力を鍛えることによって、市民の教育に大きく貢献する。[*29]

民主主義が健全に機能するためには、哲学の探究と教育があらゆる場所で実践される必要がある、と言うのである。

現代世界において、世界市民的意味での哲学の探究とそれを通じた人間性の陶冶とを促す環境は、カントの時代に比べればはるかに整っている。カントの言う諸国家連合に相当する国連と、世界市民の権利を行使し理性を公的に使用する人々からなる世界市民社会とを舞台として、国々や人々の共同と連帯が発展しつつある。カントにとってはたんなる夢想でしかなかったものを、二百有余年の歳月を経て人類は手にしているのである。それは、まだはなはだ不完全で頼りないものであるが、人類が世界市民体制に漸進的に接近していくための政治体制だけでなく、人類が経験を共有し世界市民的意味での哲学の探究とそれを通じた人間性の陶冶とによって、判断力を磨き、道徳的な心のあり方を培っていくための舞台をも与えているのである。それなくしては、真の意味での世界市民体制は実現せず、したがって永遠平和は訪れない。そのような文字通り有難い恵みのような遺産を安易に無にするようなことをせず、大切に継承し発展させていくべきである。戦争をなくすことを切に求めるのならば。

＊1『カント全集』一四巻、一二ページ（VIII 23）
＊2『カント全集』一四巻、二九六–二九七ページ（VIII 374）
＊3 同じ三つの問いは『純粋理性批判』でも挙げられるが、それが人間学に帰着するという記述は見られない。
＊4 渋谷治美、高橋克也による岩波書店版『カント全集』第一五巻『人間学・人間学遺稿』の解説を参照。ミヒャエル・ラントマンは『哲学的人間学』の中で、カントが、女性は黒いストッキングをはくと脚が美しく見える、などと卑俗

なことを書いていることを引き合いに出して、この著作はカントの本来の要求を適えるものではない、と述べている（ラントマン、『哲学的人間学』、五六－五七ページ）。しかし、カントは、一七九三年の手紙で、三つの問いが「人間とは何か」という問いに帰着すると述べ、「人間学、これについてわたしはすでに二十年以上も前から毎年講義を行ってきました」と告げている（『カント全集』二二巻、二〇五ページ（XI 429））。渋谷、高橋もこの手紙を典拠として、ここに言う「人間学」を『人間学』と見なしている。また、『人間学』は理性批判と緊張関係を保ちつつカントの哲学の基底を成すという解釈もある。たとえば、坂部恵、『理性の不安』、宮島光志、「カント批判哲学の人間学的規定」

*5 『カント全集』一五巻、一二ページ（VII 120）

*6 船木祝、「『幸福』と『道徳』――一七八〇年代初頭頃に至るまでの『判断力』をめぐるカントの思想形成過程」

*7 『カント全集』一五巻、一五ページ（VII 121-122）

*8 『カント全集』八巻、二六ページ（V 179）

*9 「共通感覚」はドイツ語ではGemeinsinnであり、ラテン語のsensus communisの訳語として用いられ、英語のcommon senseに相当する。「常識」という日本語の語句が当てられることもある。

*10 『カント全集』八巻、一八〇－一八一ページ（V 293-294）

*11 『カント全集』八巻、一八一ページ（V 294）

*12 第2章の愛国心をめぐる考察を思い起こされたい。

*13 『カント全集』一四巻、一六ページ（VIII 26）

*14 世界市民主義と道徳哲学との緊密な連関を明確に描き出している論考として、西田雅弘、「カントにおける世界民主主義の道徳的様相――『人間学』（一七九八年）とその遺稿を手がかりに」、「定言命法と世界市民主義――カント『世界市民的見地における普遍史の理念』（一七八四年）を手がかりに」

*15 『カント全集』一五巻、三三〇ページ（VII 333）

*16 H. E. Allison, "Teleology and History in Kant. The Critical Foundation of Kant's Philosophy of History", P. Kleingeld, "Kant's changing cosmopolitanism"

*17 そのような対話的探究を必要とするのは、道徳の原理の明確化だけではない。それは、道徳の原理を適用するための人間学的認識と判断力を涵養するためにも、道徳の原理に従う「心のあり方」ないし「徳」を涵養するためにも、必要とされる。つまり、道徳的世界の実現のためには対話的な探究としての世界市民的意味での哲学が必要なのである。道徳的原理、道徳的判断力、道徳的な心のあり方が、ソクラテス的・対話的探究によって明確化され、陶冶されるというカントの一貫した主張については次の拙論で論じた。寺田俊郎、「カントの道徳教育論の現代的意義」

*18 『カント全集』一〇巻、二五－七一ページ（V 19-53）

＊19『カント全集』一〇巻、一二三－二〇四ページ（V 93-153）

＊20『カント全集』一〇巻、一四二－一四三ページ（V 107-108）

＊21 ユルゲン・ハーバーマス、『公共性の構造転換（第二版）』、「一九九〇年版への序文」、ユルゲン・ハーバーマス『事実性と妥当性』、第八章。また、ハーバーマスの市民社会論を含め、現代における市民社会における熟議の意義をわかりやすく解説したものとして、篠原一、『市民の政治学――討議デモクラシーとは何か』。

＊22 この点について示唆を与えてくれる資料の一つとして、小林傳司の市民参加型テクノロジー・アセスメントの位置づけに関する論考を挙げておきたい。小林傳司、『誰が科学技術について考えるのか――コンセンサス会議という実験』、第六章

＊23 この点をめぐる具体的な政治体制の構想はさまざまである。世界市民の権利を政治体制によって保障することを志向する世界共和国型の提案と、それを公論によって擁護することを志向する世界市民社会型の提案との間に、さまざまな構想がある。ジェームズ・ボーマン、マティアス・ルッツ＝バッハマン、『カントと永遠平和』、第四、六、七章を参照。

＊24『カント全集』一四巻、二八九－二九一ページ（VIII 368-369）

＊25 プロイセン王の王宮があったベルリンの目抜き通り、ウンター・デン・リンデンの、フンボルト大学と州立オペラ座のあたりに、威風堂々とした騎乗姿のフリードリヒ二世の像がある。その像の台座を、フリードリヒ二世の家臣たちの群像が飾っているが、その馬の後脚の下辺りにカントの像がある。同時代の啓蒙思想家、レッシングと何やら熱心に語り合っている姿である。カントがベルリンでレッシングと語りあったはずはないが、カントが啓蒙思想家であると同時にプロイセン王国の臣民でもあったことを、あらためて想起させる光景である。

＊26 プラトン、『プラトン　ソクラテスの弁明ほか』、四九ページ。ただし、同じプラトンの作品『国家』では哲学者が君主になるべきだという思想が語られている。

＊27 哲学の専門家には、このような「虻」のような批判者としての役割の他に、哲学的資源を発掘、保存し、非専門家の求めに応じて資料を提供、解説する学芸員の役割、哲学研究の立場から問題解決の提案をする提案者の役割、哲学的探究のための対話やコミュニケーションを促進するファシリテータの役割がある、ということを、以下の拙論で論じた。寺田俊郎、「共同の哲学的探究としての倫理学」

＊28 UNESCO Executive Board, 171 Session

＊29 UNESCO Executive Board, 171 Session

終章

『永遠平和のために』と日本国憲法

『永遠平和』をめぐる長い哲学的探求の旅も、終わりに近づいてきた。この旅の出発点となった日本国憲法と『永遠平和』との関わりに戻って、旅を終えることにしよう。日本国憲法と『永遠平和』の歴史的な関わりについてはすでに触れたので、以下ではもっぱら哲学的・理論的な関わりに絞って考えることにする。もっとも、一口に『永遠平和』と日本国憲法の関わりと言っても、戦争放棄の他に、立憲主義、民主主義、国民主権、自由と平等、人権など、多様な観点から考えることができる。ここでは、第九条に絞って考えたい。

『永遠平和』は、果たして日本国憲法第九条を擁護する哲学的・理論的論拠を与えうるだろうか[*1]──この問いへの答えも、一筋縄ではいかない。それをめぐって、これまで同様、一筋縄ではいかない考察を試みよう。

『永遠平和』は日本国憲法第九条を擁護するか?

まず、第九条の条文を見ておこう。

第九条　日本国民は、正義と秩序を基調とする国際平和を誠実に希求し、国権の発動たる戦争と、武力による威嚇又は武力の行使は、国際紛争を解決する手段としては、永久にこれを放棄する。

②前項の目的を達するため、陸海空軍その他の戦力は、これを保持しない。国の交戦権は、これを認めない。

この条文と『永遠平和』の第三予備条項とが趣旨を同じくすることは、明白である。第三予備条項を根拠づけるカントの哲学的考察は、そのまま第九条の論拠にもなりそうである。それはたしかだ。しかし、第三予備条項の内容をよく読めば、それが単純な常備軍撤廃論ではなく、常備軍の撤廃に一定の留保を認めるものであることもまた、明白である。留保には二種類ある。

一つは、第三条項の実行は、状況に応じて延期することが許される、という留保である。それは「時とともに」という文言にすでに示唆されているが、予備条項の章の終わりでさらに詳しく説明されている。予備条項のうち第一、第五、第六は、「…厳格で、事情がどうであろうとも通用し、ただちに禁止を迫るといった種類の法則」[*2]であるが、他の条項（第二、第三、第四）は「…その実行に関しては、事情によって、主観的に権能の幅を拡げ、完遂を延期することが許される」[*3]。

もう一つは、国民が国防のために自発的に武器を取ることを認める、という留保である。「…国民が自発的に定期的に武器使用を練習し、自分と祖国を他国からの侵略に対して護ることは、これとはまったく別である」[*4]。留意したいのは、この一節が常備軍廃止の理由の一つと連動していることである。国家が人を雇って戦争に赴かせるとすれば、人をたんなる手段として用いることになるが、国民が「自発的に」国防のために武器を取ることは、そうではない、と考えられるのである。

ここで、まずカントの念頭にあるのは、フランス革命戦争において愛国歌「ラ・マルセイエーズ」を歌いながら義勇兵として戦ったフランス人たちの姿であることは、容易に想像される。また、第1章で触れたように、『永遠平和』が出版されたまさにその年に、すでにプロイセン、オーストリア、ロシアの三国によって分割されていたポーランドが、武装蜂起した国民の抵抗もむなしくとうとう地図上から姿を消したが、それをカントは目と鼻の先で見ていた。そのような外圧に苦しむ国民が武力によって自己防衛する権利を、カントは擁護しているように思われる。

これらの留保の背景にも、永遠平和への道を決然と提示しながらも、世界情勢に鋭い視線を向けているがゆえの現実主義的な態度が認められる、と言うことができよう。それは『永遠平和』全体を貫くカントの姿勢であることは、すでに見た通りである。常備軍の廃止を事情によって延期することが許されるというときの「事情」とは、まずホッブズの言う「万人の万人に対する闘い」である自然状態にも似た過酷な世界情勢であろうし、また、国民が自発的に国防のために武器を手に取る可能性が認められる背景にあるのも、同じような世界情勢に対する眼差しであろう。

そうすると、第三予備条項によれば、常備軍は時とともに撤廃されなければならないとしても、ただちにそれを実行しなければならないわけではない、ということになるのではないか。その線で考えるとすれば、敗戦によってただちに武装解除させられ占領下に置かれた日本も、独立を回復すると同時に、時とともに撤廃するという条件で常備軍を再建してもよかったし、その後常備軍が撤廃された後は国民自身による自発的な国防に移行すればよいことになろう。

さて、この件については、さらに考えるべき論点がある。第1章で見たように、カントは「永遠平和のための確定条項」で、戦争を防ぎ永遠平和を確立することのできる政治体制を提唱している。各国の共和制による国内法、諸国家連合による国際法、それを補う世界市民法である。諸国家連合は、各国が主権を保持したまま自由に参加したり脱退したりできる連合であって、各国が主権を委譲して構成する世界共和国ではない。道徳的・法的原理に基づいて考える限り世界共和国が帰結するはずであるが、それは「積極的な理念」として保持されつつも、それに至る現実的な道として「消極的代替物」としての諸国家連合が提案されるのであった。

このような主権国家から成る世界秩序を確固たる前提とする永遠平和の構想に照らしてみれば、憲法第九条は一主権国家としての日本に過大な要求をしている、とすら言うことができるのではないだろうか。なぜなら、世界の大多数の国々が、主権の一部として国防権をもち、そのために軍備を保持している中で、自らの主権を自ら制限することになるからである。世界共和国がすでに樹立されているのでもない限り、諸国家が一斉に常備軍を撤廃するか、歩調を揃えて漸進的に削減していくか、そのいずれかしか道はないように思われるのである。

以上のように、『永遠平和』が日本国憲法第九条を擁護するとは、単純に言えないように思われる。しかし、さらに観点を広げて見れば、『永遠平和』は第九条を擁護することになる、とわたしは考える。繰り返し述べたように、『永遠平和』の特徴は、道徳や法の原理に即して思考しつつも、現実の世界のあり方への眼差しを失わないことにある。それに倣ってわれわれも、道徳や法の原理を堅持しつつ、われわれの生きる現代世界の現実のあり方を注視して考えよう。そうすれば、日本国憲法第九条は、現代世界において『永遠平和』をもっとも適切な形で生かすものであると解釈できることがわかる。

一八世紀後半にカントが直視していた状況と二一世紀のわれわれが直面する状況とは、言うまでもなく、さまざまな点で異なる。軍備の規模と性質が大きく変わり、それに伴って戦争のあり方そのものが変貌したことも、その一つである。それら異なる状況のうち、ここで目を向けたいのは、すでに第2章で考察した二つの事情である。つまり、諸国家連合が現実に存在しているということ、世界市民社会が現実に発展しつつある、ということ。

国連体制と第九条

前者の諸国家連合の成立という現実から考えよう。諸国家連合が成立しているという時点で、世界は主権国家どうしが敵対しあうホッブズ的な自然状態ではもはやない。主権国家を基本単位とする世界秩序を動かない前提としたために、カントは「積極的な理念」である世界共和国に代わって諸国家連合という「消極的代替物」を提唱せざるをえなかった。世界共和国を形成するためには、諸国家は主権を放棄し、世界共和国に委譲することになるが、そのようなことをどの国家も容易に受け入れそうもないからである。

しかし、このような主権の移譲という理念は、今日ではいくつかの具体的な形で実現している。たとえば、国連の集団的安全保障体制が挙げられるだろうし、比較的新しい事例としては、国際刑事裁判所の設立が挙げられるだろう。それを背景として言えば、第九条は、国連の集団的安全保障の理念に一致した、主権の委譲のきわめて革新的な事例だと言える。

諸国家連合というカントの理念は、第一次世界大戦という未曽有の悲惨な出来事を人類が経験した後、一九二〇年に国際連盟として実現した。しかし、国際連盟は、第二次世界大戦というもう一つの悲惨な出来事を防ぐことができず、その非力を露呈して挫折し、第二次世界大戦後、新たな諸国家連合として国連が設立された。一九四五年に設立されて以来、国連は完全と言うにはほど遠く、さまざまな問題を抱えているが、しかし、地球上のほとんどの国家が加盟し、国際法の秩序を支える一つの連合として機能し続けている。*5

そして、国連憲章には国際紛争を解決するために武力行使すること、つまり戦争を禁止し、武力による侵略に対しては国連が緊急の軍事的措置をとり、その措置がとられるまでの間に限り個別的または集団的自衛権を行使することができる、と定められている。*6 それが国連による集団的安全保障である。

日本国憲法第九条はこの国連の理念に一致するものであり、その理念を追求しようという日本の決意を体現するものである。たしかに、日本が第九条を含む憲法を採択した理由はそのような崇高な理念だけではなかった。まず、占領軍総司令部の強い意向があり、また、自らの国と民を破滅の淵に追いやった軍国主義に対する憤りがあり、二度と同じような悲惨な目に遭いたくないという思いがあった。しかし、戦争の惨禍のない世界の構築に努力する国際社会に参加し、それに貢献しよう、という理想主義的な決意があったこともまた、たしかである。*7

その意味では、第九条は次のような文言を含む憲法の前文と合わせて読まれなければならない。そして、第二次世界大戦の終結以来、日本は他国を武力で侵略することもなければ侵略されることもなかったことを考えれば、第九条はまさにその決意を現実のものとすることに役立ってきたのである。

日本国民は、恒久の平和を念願し、人間相互の関係を支配する崇高な理想を深く自覚するのであつて、平和を愛する諸国民の公正と信義に信頼して、われらの安全と生存を保持しようと決意した。われらは、平和を維持し、専制と隷従、圧迫と偏狭を地上から永遠に除去しようと努めてゐる国際社会において、名誉ある地位を占めたいと思ふ。われらは、全世界の国民が、ひとしく恐怖と欠乏から免かれ、平和のうちに生存する権利を有することを確認する。

以上のように、『永遠平和』で提示された国際秩序の理念と、その理念が実現されつつある状況とを念頭に置くとき、少なくとも次のように言うことができるのではないだろうか。たしかに完全なものと言うにはほど遠いが、世界共和国のかけがえのない「消極的代替物」であるところの現存の諸国家連合を、道徳と法とに適った世界秩序に、道徳と法とに適った手段で近づいていくことのできる唯一の体制として、支持し擁護することは、つまり、第九条を支持し擁護することである、と。

この観点から第九条を擁護することは、現在の世界情勢を顧慮するならば、いっそう重要である。すでに冷戦の終結以来、唯一の超大国となったアメリカ合州国は、かけがえのない諸国家連合である国連とそれが支持する国際条約とを軽視してきた。二〇〇一年の〈九・一一〉の事件を機に不当な戦争に乗り出したジョージ・ブッシュ・ジュニア大統領は、国連という諸国家連合に基づく世界秩序を目指すのではなく、自国が中心となって新たな世界秩序をつくろうという野望を露わにし、まさにカントの言う「他を制圧して世界王国を築こうとする一大強国」のようにふるまった。

続くバラク・オバマ大統領は、国連の意義をブッシュ大統領よりはるかによく理解していたように思われるが、合州国の態度を大きく転換させることはできなかった。続くドナルド・トランプ大統領は、国連の意義はおろか、そもそも国連が成立するに至った歴史的経緯も、その背景にある思想的遺産も、まるで理解していないように思われる。

このような状況の下で日本が憲法第九条を堅持することには、日本が合州国の覇権主義的な野望に与するのを防ぐことはもちろんだが、それ以上の大きな意義がある。国際社会と世界市民社会とに、第二次世界大戦後の日本と国連とが共通の出発点としたあの理念と決意とを想起させ続ける、という意義である。*8

世界市民社会と第九条

次に、世界市民社会の発展という現実である。国際紛争の種となるさまざまな問題を解決する手段は、もはや諸国家間の交渉や戦争のみではなく、国際社会ないし国連による解決の努力があり、さらに世界市民社会による解決の努力がある。この点でも、世界はホッブズ的な自然状態ではもはやない。たしかに、世界市民社会も、国連と同様、完全というにはほど遠く、楽観的な期待を許さない。たとえば、国際社会も世界市民社会も、二〇〇三年のアメリカ合州国ブッシュ政権のイラク侵攻を止めることはできなかった。また、最近では、世界市民社会の努力によって二〇一七年に成立した核兵器禁止条約を、国際社会はまだ発効させることができないでいる。

しかし、はなはだ不完全ながらも世界市民社会は発展しつつある。暴力に訴えることなく道徳と法とに適った世界秩序を構築する条件は、いっそう整ってきているのである。このような状況の中に憲法第九条を置いて見るとき、さらに次のように言うことができるだろう。世界共和国のかけがえのない「消極的代替物」であるところの現存の諸国家連合を補って、道徳と法とに適った世界秩序に、道徳と法とに適った手段で近づいていくことを後押しする世界市民社会が発展しつつあるいま、第九条を擁護することはそれほど非現実的ではない、と。

以上のような見方を、政治的現実主義者《リアリスト》たちは嘲笑うことだろう。現実主義者たちは、いまだに世界を、カントが一八世紀に見ていたのとちょうど同じように、ホッブズのいう自然状態と見なし、カントの永遠平和の理念をヨーロッパの「夢」と呼び、たとえ不完全であるにしても現に存在している諸国家連合と世界市民社会とを、あえて無視するのである。このような現実主義者たちの目には、日本国憲法第九条は、カントの夢よりさらに甘い夢と映ることだろう。

しかし、道徳と法とに適った世界秩序の理念と、それを実現する手段である諸国家連合と世界市民社会が発展しつつあるという事実とを、あえて無視することは、ある意味では大きな時代錯誤であり、きわめて非現実主義的なことではないだろうか。現実主義者たちがその時代錯誤的な考えを現実主義的だと自負するとしても、それこそ、強国の自己愛を代弁する甘い夢にすぎないのだ。

『永遠平和』と第九条の間で想い起されること

さて、こうして『永遠平和』と憲法第九条との関わりを考えていると、明示的、直接的な関連はないが、思い至らずにはいられないことが、少なくとも二つある。一つは植民地主義であり、もう一つは広島・長崎への原子爆弾投下である。

まず、植民地主義について。ヨーロッパの帝国主義列強による植民地主義に対するカントの歯に衣を着せぬ批判は、第1章で見た通りである。だが、カントの批判をはじめとするさまざまな批判も空しく、植民地主義は二〇世紀の半ばまで存続した。そして、現代のさまざまな地球規模の問題の多くが、直接的あるいは間接的に植民地主義に起源をもっている。ヨーロッパ列強の植民地主義に対して鎖国をもって対処したのは賢明だ、とカントのお褒めにあずかった日本もまた、一九世紀半ばの開国以後の近代化の歩みの中で、ヨーロッパ列強の尻馬に乗って帝国主義国家としてふるまい、朝鮮半島や台湾を植民地化したのである。

このような植民市主義の罪過に、われわれはどのように向きあうべきだろうか。簡単に答えられる問いではない。この問いを歴史学や政治学の観点も踏まえて考察する能力は、残念ながら、いまのわたしにはないが、少なくとも次のことは言いうると思う。植民地主義が二〇世紀半ばまで存続し、紛争や貧困など現代の多くの問題の直接的・間接的起源がそこにあること、それもまた現代において世界秩序を構想するときに見逃してはならないものである。*9 にもかかわらず、国連憲章は植民地主義の罪過に言及せず、植民地主義の負の遺産への顧慮は、グローバル化をめぐる議論から抜け落ちることがしばしばである。

同じことは、日本にも当てはまる。日本が現行憲法を採択した理由の一つとして植民地主義に対する真摯な反省があったとは言いがたいし、現行憲法はそれに言及していない。そして、残念なことに、植民地主義の罪過とそれに対する責任とは、日本の市民社会においてさまざまに議論されてきたものの、いまだに日本は国家として過去の植民地主義に対する責任に十分真剣に向きあっていると言うことができない。*10 それゆえ、日本の過去の植民地主義は、第二次世界大戦中のさまざまな国際法違反

（戦争犯罪）とともに、いまなお東アジア・東南アジアの国々と日本との関係に暗い影を落とし続け、これらの国々と日本との間の「友好（歓待）」を妨げ、東アジアに「諸国家連合」を樹立する道を険しくしているのである。

国際社会と世界市民社会とは、第二次世界大戦後の日本と国連とが共通の出発点とすべきであった、過去の植民地主義に対する悔恨と責任を心に刻むべきである。その意義は、いくつかの超大国が、あたかも植民地主義とは無関係であるかのような顔をして、帝国主義さながらの姿勢で、新たな世界秩序を構築しようと企む現在の世界情勢を顧慮するならば、いっそう大きいように思われる。そのためにも、憲法九条は堅持されるべきである。

続いて、広島・長崎への原子爆弾投下について。このような恐るべき大量破壊兵器が開発され、実際に使用されるとは、カントは想像もしなかっただろう。人類が戦争に明け暮れ、殲滅戦を戦った結果訪れる墓場の平和の可能性を、カントは想定していたが、その墓場の平和を、皮肉なユーモアを交えて警句として使うだけの余裕があった。しかし、広島、長崎の後の世界を生きるわれわれには、そのような余裕はもはやない。墓場の平和はきわめて現実的なのだ。このことを、『永遠平和』の墓場の平和のメタファーは思い起こさせる。

また、『永遠平和』の第六予備条項は、原子爆弾の使用が「将来の平和時に相互の信頼を不可能にしてしまうような行為」であることを、そして、第三予備条項は、核兵器の戦争抑止力という論理が、軍備拡張競争の虚妄の最たるものであるあることを、思い起こさせずにはいられない。

広島・長崎への原子爆弾投下という罪過は、植民地主義という罪過と同様、第二次世界大戦後の日本と国連が共通の出発点とすべきものであった。また、広島・長崎への原子爆弾投下に対する責任と反省とは、現代の世界秩序を構想する際に忘れてはならないものである。にもかかわらず、日本国憲法にも、国連憲章にも、それに対する言及はない。また、広島・長崎の出来事は、世界中の反核兵器の運動の中で、語り継がれ、記憶し直され、永遠平和の実現に向けた努力の一つの係留点になっているとはいえ、日本も国際社会も、それに十分に向き合ってきたとは言うことができない。*[11]

広島の平和祈念公園の慰霊碑には「安らかに眠って下さい　過ちは繰返しませぬから」と彫られている。そう語りかける相手が原子爆弾の被害者であることは明らかだとして、では、そう語りかける主体は誰であり、「過ち」とは何か。その答えは、少なくとも日本社会や国際社会ではまだ共有されていない。それが、アメリカ合州国による著しい道徳的不正であり、国際法違反（戦争犯罪）であることを、ようやくジョン・ロールズが哲学的に論証して見せたのは、一九九五年のことだった。*[12] しかし、そのことを、合州国も国際社会もまだ認めてはいない。辛うじて世界市民社会が認めたのみである。*[13]

広島・長崎への原子爆弾投下によって幕が上がった核兵器の脅威の時代に、ふたたび幕を下ろすことができるのは、国際社会と世界市民社会による努力だけである。地球環境問題をはじめ、国際社会と世界市民社会の努力を必要とする課題は数多くあるが、核兵器の脅威をなくすという課題、つまり核兵器の廃絶という課題は、その筆頭である。その課題に取り組む出発点は、広島・長崎への原子爆弾投下の罪過とそれに対する責任を認めることである。

国際社会と世界市民社会とは、第二次世界大戦後の日本と国連とが共通の出発点とすべきであった、広島・長崎への原子爆弾投下に対する悔恨と責任を心に刻むべきである。その意義は、いくつかの超大国が、あたかも広島・長崎の悲劇とは無関係であるかのような顔をして、核兵器の抑止力という倒錯した論理の下に、新たな世界秩序を構築しようと企む現在の世界情勢を顧慮するならば、いっそう大きいように思われる。そのためにも、日本国憲法九条は堅持されるべきである。

恵みとしての日本国憲法

すでに述べたように、日本国憲法は永遠平和の実現という崇高な理念のみによって成立したわけではない。そういった崇高な理念とは別の動機として、占領軍総司令部の強い意向があり、自らの国と民とを破滅の淵に追いやった軍国主義に対する憤りがあり、二度と同じような悲惨な目に遭いたくないという思いがあった。それは確かだ。

だが、いかなる事情によってであれ、とにかく二〇世紀の半ばに永遠平和の理念に合致した日本国憲法が成立し、二一世紀のいまも存続している。それは奇跡のようなことだ。[*14] それはさまざまな偶然的な事情の積み重ねによって成立したものであるが、その内容は理性のある人間であれば誰もが理想として共有することのできるものであり、その意味では、けっして偶然的なものではない。カントの言葉を借りれば、日本国憲法は、あたかも自然の摂理によるかのように人類に与えられたものだが、人類が理性をもつ限り追求すべき理念を体現してもいる、ということになろう。

その文字通り有難い恵みのような日本国憲法を、浅はかな思慮や判断に基づいて改変したり放棄したりすべきではない。それを堅持することが日本国民の道徳的義務であるというだけではない。日本国憲法第九条は、戦争をなくし平和な世界を築くための困難な努力を続ける世界市民を先導する、かけがえのない希望の星でもあるのだ。

＊1　本章の論述は以下の拙論に基づく。寺田俊郎、「カントの永遠平和論から日本国憲法第九条を見る」

＊2　『カント全集』一四巻、二五八ページ（VIII 347）

＊3　『カント全集』一四巻、二五八ページ（VIII 347）

＊4　『カント全集』一四巻、二五四ページ（VIII 345）

＊5　地球規模の諸国家連合としての国連ははなはだ不完全だが、地域規模の諸国家連合としてのヨーロッパ連合は、これもさまざまな問題を抱えてはいるものの、国連よりよく機能している。世界共和国への途上にある諸国家連合というカントの構想の実例としては、ヨーロッパ連合のほうが適切かもしれない。

＊6　国連憲章第七章

＊7　憲法第九条の基礎にある考え方は、ただ連合軍司令部に押しつけられたものでもなく、戦後の一時的な厭戦気分の中で降って湧いたものでもなく、近代のヨーロッパの思想と、それを受容した日本の思想の中で時間をかけて醸成されていったものであることを、見逃すべきではない。その一つの系譜を第1章で確認した。それを含む憲法第九条に至る思想の系譜に関する包括的な考察を、山室信一の前掲書『憲法9条の思想水脈』は試みている。

＊8　このように国連体制という文脈に憲法第九条を置いて考察するとき、避けては通れない問題がある。国連の集団的安全保障体制とのかねあいである。侵略戦争が生じた場合の国連の武力介入と、それが発動するまでの自力防衛とを、どう考えるかである。第九条が武力の保持と行使を許さないとすれば、日本はいかにして国連の集団的安全保障体制に参加できるのか、国連の平和回復や平和維持の活動に貢献できるのか。それは、カントの言葉遣いで言えば、諸国家連合における、さらには世界共和国における警察力をどう考えるかという問題である。

　日本も国連の集団的安全保障体制に参加する以上、その負担を公平に分担すべきであるし、また、自衛の権利を認められるべきである。それはたしかだ。もっぱらそのための憲法改定であればしてもよい、あるいは、その点を明確にするために積極的に憲法を改定すべきだ、という意見もある。たとえば、加藤典洋は「国連待機軍」と「国土防衛軍」という名称を用いてそのような主張をしている（加藤典洋、『戦後入門』）。いずれの軍も、もっぱら国連の集団的安全保障の枠内で動き、他国を侵略しないだけでなく、国内で治安出動もしない、つまり自国民に銃口を向けない、ということを明記した条文を第九条に付け加えることを提案しているのである。国連を中心とする平和主義を強化するための憲法改定案である。

この提案は、『永遠平和』の主張に、原理的には、適っている。ほんとうにそのためにのみ憲法を改定するのであれば、わたしも個人的に受け入れることのできる提案である。しかし、当面は憲法を改定しないでその目的を達成する道を探るべきだと考える。それはたんに、現政権下で憲法改定に賛成すれば、平和とは正反対の「右折れ」の改定の恐れが大きい、というだけではない。それは、たとえ国連中心主義に向かう方向で改定がなされたとしても、第二次世界大戦終結後の国連や日本国憲法の崇高な理念が、東西冷戦の政治的状況に翻弄されて劣化したように、まだ不完全な国連とまだ発展途上にある世界市民社会しかない世界において、退化する恐れがあるからである。日本国憲法、特に第九条は、国連が改革され安定し、世界市民社会が成熟するまで、原型のままであるほうが望ましいと考える。

＊9 トマス・ポッゲ、『なぜ遠くの貧しい人への義務があるのか――世界的貧困と人権』

＊10 自らが所属する国家の過去の過ちを反省することは、自らを貶めることだと考えている人々がいるようだが、見当違いではないだろうか。個人であれ、集団であれ、事実過ちを犯したのなら、それを認め、反省し、責任を取ることこそが立派な態度であって、そのような態度を取ることができないことこそ、自らを貶めることである。

＊11 加藤典洋は前掲書で、原爆投下後のほんの短い間に合州国にも「火花（イスクラ）」とでも呼ぶべき「覚醒」の時機があり、その中で国連と日本国憲法は生まれたと論じている。ただ、それは短命に終わった。その政治的、歴史的経緯を加藤は説得的に論じている。

＊12 John Rawls, "Fifty Years after Hiroshima" もっとも、合州国による原子爆弾投下を道徳的・法的不正として批判した連合国側の哲学者はロールズが最初ではない。エリザベス・アンスコムが、一九五八年に「トルーマン氏の学位」というエッセイを書いて批判している。G.E.M. Anscombe "Mr Truman's Degree"

＊13 二〇〇七年に合州国の原爆投下に対する責任を問う民衆法廷が開かれ、有罪の判決を出した（原爆投下を裁く国際民衆法廷・広島）。しかし、合州国の公式見解は、二〇一六年のオバマ前合州国大統領の画期的な広島訪問に際しても

変わらないままであった。

＊14　加藤典洋の言う覚醒の「イスクラ（火花）」もそれが有難い恵みであるというニュアンスを伝えていよう。蔑ろにすべきではない。

参考文献

Abbé de Saint-Pierre〔1718〕*Projet de paix perpétuelle;* アベ・ド・サン＝ピエール、『サン－ピエール　永久平和論Ⅰ・Ⅱ』、本田裕志・訳、〔二〇一三〕、京都大学学術出版会

Allison, H. E.〔2009〕"Teleology and History in Kant. The Critical Foundation of Kant's Philosophy of History", A. O. Rorty & J. Schmidt (ed.), *Kant's Ideas for a Universal History with a Cosmopolitan Aim*, Cambridge UP

Anderson, Benedict〔1983〕*Imagined Communities: Reflections on the Origin and Spread of Nationalism*, Verso; アンダーソン、ベネディクト、『定本　想像の共同体――ナショナリズムの起源と流行』、白石隆、白石さや・訳、〔二〇〇七〕、書籍工房早山

Anscombe, G. E. M.〔1981〕"Mr Truman's Degree", *Ethics, Religion and Politics, The Collected philosophical papers of G. E. M. Anscombe Vol.3*, Blackwell

青木やよひ〔二〇〇四〕『ゲーテとベートーヴェン――巨匠たちの知られざる友情』、平凡社（平凡社新書）

Arendt, Hannah〔1982〕*Lectures on Kant's Political Philosophy*, The University of Chicago Press; アーレント、ハンナ、『カント政治哲学講義』、浜田義文・監訳、〔一九八七〕、法政大学出版局

有福孝岳、牧野英二・編〔二〇一二〕『カントを学ぶ人のために』、世界思想社

麻生多聞〔二〇〇七〕『平和主義の倫理性』、日本評論社

Beck, Lewis White〔1960〕*A Commentary on Kant's Critique of Practical Reason*, The University of Chicago Press

Benhabib, Seyla〔2006〕*Another Cosmopolitanism*, Oxford University Press

Bohman, James & Lutz-Bachmann, Matthias, (ed.)〔1997〕*Perpetual Peace: Essays on Kant's Cosmopolitan Ideal*, The MIT Press; ボーマン、ジェームズ・ルッツ－バッハマン、マティアス、『カントと永遠平和――世界市民という理念について』、紺野茂樹、田辺俊明、舟場保之・訳、〔二〇〇六〕、未來社

Bohman, James und Lutz-Bachmann, Matthias (Hrsg.)〔1996〕*Frieden durch Recht: Kants Friedensidee und das Problem einer neuen Weltordnung*, Suhrkamp

Brandt, Reinhard〔1974〕*Eigentumstheorie von Grotius bis Kant*, Frommann-Holzboog

Brunkhorst, Hauke &Köhler, Wolfgang R. & Lutz-Bachmann, Matthias〔1999〕*Recht auf Menschenrechte: Menschenrechte, Demokratie und internationale Politik*, Suhrkamp; ブルンクホルスト、ハウケ・ケーラー、ヴォルフガング・ルッツ＝バッハマン、マティアス、『人権への権利』、舟場保之、御子柴善之・監訳、〔二〇一五〕、大阪大学出版会

千葉眞〔二〇一四〕『連邦主義とコスモポリタニズム――思想・運動・制度構想』、風行社

Darwall, Stephen〔2006〕*The Second-person Standpoint: Morality, Respect, Accountability*, Harvard University Press; ダーウォル、スティーヴン、『二人称的観点の倫理学――道徳、尊敬、責任』、寺田俊郎、会澤久仁子・訳、〔二〇一七〕、法政大学出版局

ディオゲネス・ラエルティオス、『ギリシア哲学者列伝』中巻、加来彰俊・訳、〔一九八九〕、岩波書店（岩波文庫）

Donagan, Alan〔1985〕“The Structure of Kant’s Metaphysics of Morals”, *Topoi4*.

Doyle, Michael〔1983〕“Kant, Liberal Legacies, and Foreign Affairs”, in: *Philosophy and Public Affairs*, 12

Fichte, Johan Gottlieb〔1794 / 1795〕*Grundlage des Naturrechts*, Ph.B Band 256, Felix Meiner

Foucault, Michel〔1984〕«Qu’est-cequeles Lumières ? », *Dits et Ecrits*, tome IV; フーコー、ミッシェル、「カントについての講義」、小林康夫・訳、〔一九八四〕、『エピステーメー』II-0号、朝日出版社

舟場保之・寺田俊郎・編著〔二〇〇八〕『グローバル・エシックスとは何か』、梓出版社

船木祝〔二〇〇九〕「『幸福』と『道徳』――一七八〇年代初頭頃に至るまでの『判断力』をめぐるカントの思想形成過程」、小野原雅夫、山根雄一郎・編、『判断力の問題圏』、晃洋書房

Gerhard, Volker〔1996〕“Ausübende Rechtslehre: Kants Politikbegriff” Schönrich, Gerhard & Kato, Yasushi, *Kant in der Diskussion der Moderne*, Suhrkamp; ゲアハルト、フォルカー、「実地の法論――カントの政治概念」、福田俊章・訳、坂部恵、

G・シェーンリッヒ、加藤泰史、大橋容一郎・編、〔二〇〇〇〕、『カント・現代の論争に生きる（下）』、理想社
Gregor, Mary〔1963〕*Laws of Freedom*, Basil Blackwell
Habermas, Jurgen〔1990〕*Strukturwandel der Offentrichkeit : Untersuchungen zu einer Kategorie der bürgerlichen Gesselschaft*, Suhrkamp; ハーバーマス、ユルゲン、『公共性の構造転換（第二版）』、細谷貞雄、山田正行・訳、〔一九九四〕、未來社
Habermas, Jurgen〔1997〕"Kant's Idea of Perpetual Peace: With the Benefit of 200 Years' Hindsight", Bohman, James & Lutz-Bachmann, Matthias, (ed.), *Perpetual Peace: Essays on Kant's Cosmopolitan Ideal*, The MIT Press; ハーバーマス、ユルゲン、「二百年後から見たカントの永遠平和という理念」、ボーマン、ジェームズ・ルッツ＝バッハマン、マティアス、『カントと永遠平和――世界市民という理念について』、紺野茂樹、田辺俊明、舟場保之・訳、〔二〇〇六〕、未來社
Haffner, Sebastian〔1979〕*Preussen Ohne Legende*, Stern; ハフナー、セバスチャン、『図説 プロイセンの歴史』、魚住正良・監訳、川口由紀子・訳、〔二〇〇〇〕、東洋書林
浜田義文〔一九八七〕「カントの永遠平和論」、『理想』第六三五号、理想社
Hare, R. M.〔1993〕"Could Kant Have Been A Utilitarian?", Dancy, Jonathan (ed.) *Kant and Critique*, Klewer Academic Publishers
橋川文三〔二〇〇五〕『ナショナリズム―その神話と論理』、紀伊国屋書店
Held, David〔2010〕*Cosmopolitanism: Ideals and Realities*, Polity Press; ヘルド、デヴィッド、『コスモポリタニズム――民主政の再構築』、中谷義和・訳、〔二〇一一〕、法律文化社
Held, David & McGrew, Anthony〔2007〕Globalization / Anti-Globalization: Beyond the Great Divide, Polity; ヘルド、デヴィッド・マッグルー、アントニー、『グローバル化と反グローバル化』、中谷義和、柳原克行・訳、〔二〇〇三〕、日本経済評論社
Hill, Jr. Thomas〔1992〕*Dignity and Practical Reason*, Cornell University Press

Hobbes, Thomas〔1651〕*Leviathan or The Matter, Forme and Power of a Common-Wealth Ecclesiasticall and Civil*; ホッブズ、トマス、『リヴァイアサン』、永井道雄、上田邦義・訳、〔二〇〇九〕、中央公論新社（中公クラシックス）

Höffe, Otfried〔1983〕*Immanuel Kant*, C. H. Beck; ヘッフェ、オットフリート、『イマヌエル・カント』、藪木栄夫・訳、〔一九九一〕、法政大学出版局

Höffe, Otfried〔1979〕*Ethik und Politik*, Suhrkamp

石川求〔二〇〇〇〕「公的理性をめぐって」、『哲学誌』四二号、東京都立大学哲学会

石川求、寺田俊郎・編著〔二〇一二〕『世界市民の哲学』、晃洋書房

井上義彦〔一九九〇〕『カント哲学の人間学的地平』、理想社

Kagan, Robert〔2003〕*Of Paradise and Power: America and Europe in the New World Order*, Alfred A. Knopf; ケーガン、ロバート、『ネオコンの論理——アメリカ新保守主義の世界戦略』、山岡洋一・訳、〔二〇〇三〕、光文社

Kaldor, Mary〔2003〕*Global Civil Society: An Answer to War*, Polity Pressf; カルドー、メアリー、山本武彦他・訳、〔二〇〇七〕、『グローバル市民社会論——戦争へのひとつの回答』、法政大学出版局

Kant, Immanuel; カント、イマヌエル（アカデミー版全集と岩波書店版全集の巻数を記す）

Kritik der reinen Vernunft, IV『純粋理性批判』（四〜六巻）

Idee zu einer allgemeinen Geschichte in weltbürgerlicher Absicht, VIII「世界市民的見地から見た普遍史の理念」（一四巻）

“Beantwortung der Frage: Was ist Aufklärung?“, VIII「啓蒙とは何か、という問いの答え」（一四巻）

Grundlegung zur Metaphysik der Sitten, IV『人倫の形而上学の基礎づけ』（七巻）

Kritik der praktischen Vernunft, V『実践理性批判』（七巻）

Kritik der Urteilskraft, V『判断力批判』（八・九巻）

Die Religion innerhalb der Grenzen der blossen Vernunft, VI『たんなる理性の限界内での宗教』（一〇巻）

Über den Gemeinspruch: Das mag in der Theorie richtig sein, taugt aber nicht für die Praxis, VIII『理論では正しいかもしれ

ないが、実践の役には立たない、という通説について』（一四巻）
Zum Ewigen Frieden.Ein philosophischer Entwurf, VIII『永遠平和のために』（一四巻）
Die Mataphysik der Sitten, VI『人倫の形而上学』（一一巻）
Anthropologie in pragmatischer Hinsicht, VII『実用的見地から見た人間学』（一五巻）
Logik, IX『論理学』（一七巻）
Kants Briefsechsel, X-XIII『書簡集』（二一・二二巻）
片木清［一九八〇］『カントにおける倫理・法・国家の問題』、法律文化社
加藤典洋［二〇一五］『戦後入門』、筑摩書房（ちくま新書）
Kaulbach, Friedrich［1982］*Studien sur Späten Rechtsphilosophie Kants und ihrer transyendentalen Methode*, Königshausen & Neumann, 1982
Kersting, Wolfgang［2007］*Wohlgeordnete Freiheit: Immanuel Kants Rechts- und Staatsphilosophie*, Auflage 3, Mentis; ケアスティング、ヴォルフガング、『自由の秩序――カントの法および国家の哲学』、寺田俊郎、舟場保之・監訳、［二〇一三］、ミネルヴァ書房
Kleingeld, Pauline［2009］“Kant's Changing Cosmopolitanism, A. O. Rorty & J. Schmidt (ed.), *Kant's Ideas for a Universal History with a Cosmopolitan Aim*, Cambridge UP
小林章夫［二〇〇〇］『コーヒー・ハウス』、講談社（講談社学術文庫）
小林傳司［二〇〇四］『誰が科学技術について考えるのか――コンセンサス会議という実験』、名古屋大学出版会
Korsgaard, Christene［1996］*Creating the Kingdom of Ends*, Cambridge University Press
Koschnick, Leonore（Hrsg.）［2006］*Deutsches Historisches Mueum: Deutsche Geschichte in Bilden und Zuegnissen*, Prestel
久呉高之、湯浅正彦・編著［一九九七］『行為と自由』、晃洋書房
Kühn, Manfred［2002］*Kant: A Biography*, Cambridge University Press; キューン、マンフレッド、『カント伝』、菅沢龍文、

中澤武、山根雄一郎・訳、［二〇一七］、春風社
Landmann, Michael［1976］*Philosophische Anthropologie*, Walter de Gruyter; ラントマン、ミヒャエル、『哲学的人間学』、谷口茂・訳、［一九九一］、思索社
Locke, John［1689］*Two Treatises of Government*; ロック、ジョン、『完訳　統治二論』、加藤節・訳、［二〇一〇］、岩波書店（岩波文庫）
牧野英二［一九九六］『遠近法主義の哲学』、弘文堂
目加田説子［二〇〇四］『地球市民社会の最前線』、岩波書店
御子柴善之［二〇一五］『自分で考える勇気』、岩波書店
宮島光志［一九九一］「カント批判哲学の人間学的規定」、『文化』第五十五巻、東北大学文学会
Murphy, Jeffrey［1970］*Kant: The Philosophy of Right*, Macmillan
中島義道［二〇〇〇］『空間と身体』、晃洋書房
新田孝彦［一九九三］『カントと自由の問題』、北海道大学図書刊行会
Nussbaum, Martha［2002］"Patriotism and Cosmopolitanism", Nussbaum, Martha, C, et. al. *For Love of Country?*, Beacon Press
ヌスバウム、マーサ、「愛国主義とコスモポリタニズム」、ヌスバウム、マーサ他、『国を愛するということ――愛国《パトリオ》主義《ティズム》の限界をめぐる論争』、辰巳伸知、能川元一・訳、［二〇〇〇］、人文書院
西田雅弘［二〇〇九］「カントにおける世界市民主義の道徳的様相――『人間学』（一七九八年）とその遺稿を手がかりに」、『下関市立大学論集』第五十二巻第三号、下関市立大学学会
西田雅弘［二〇一〇］「定言命法と世界市民主義――カント『世界市民的見地における普遍史の理念』（一七八四年）を手がかりに」、『下関市立大学論集』第五十三巻第三号、下関市立大学学会
小野原雅夫［一九九二］「カント『道徳形而上学』における定言命法の新たな方式」、『倫理学年報』第四一集、日本倫理学会

小野原雅夫・山根雄一郎・編［二〇〇九］『判断力の問題圏』、晃洋書房
Paton, H. J.［1972］*The Categorical Imperative*, University of Pennsylvania Press
プラトン、『プラトン　ソクラテスの弁明ほか』、田中美知太郎、藤沢令夫・訳、［二〇〇二］、中央公論新社（中公クラシックス）
Pogge, Thomas［2002］*World Poverty and Human Rights: Cosmopolitan Responsibilities and Reforms*, Polity Press; トマス・ポッゲ、『なぜ遠くの貧しい人への義務があるのか――世界的貧困と人権』、立岩真也・訳、［二〇一〇］、生活書院
Potorti, David［2003］*September 11th Families for Peaceful Tomorrows: Turning Tragedy into Hope for a Better World*, RDV Books; ポトーティ、デイビッド・ピースフル・トゥモロウズ、『われらの悲しみを平和への一歩に――9・11犠牲者家族の記録』、梶原寿・訳、［二〇〇四］、岩波書店
Rawls, John［1989］"Themes in Kant's Moral Philosophy", *Kant's Transcendental Deductions*, Stanford University Press
Rawls, John［1999］"Fifty Years after Hiroshima", Samuel Freeman (ed.), *Collected Papers of John Rawls*, Harvard University Press; ロールズ、ジョン、「原爆投下はなぜ不正なのか？――ヒロシマから五〇年」、川本隆史・訳、［一九九六］、『世界』一九九六年二月号、岩波書店
Reiss, Hans［1970］*Kant's Political Writings*, Cambridge University Press; ライス、ハンス、『カントの政治思想』、樽井正義・訳、［一九八九］、芸立出版
Rousseau, Jean-Jacques［1756］*Extrait du Projet de paixperpétuelle de monsieur lt'abbé de Saint-Pierre*; ルソー、ジャン＝ジャック、『サン＝ピエール師の永久平和論抜粋』、『ルソー全集』第四巻、宮治弘之・訳、［一九七八］、白水社
Rousseau, Jean-Jacques［1756］*Jugement sur le Projet de paixperpétuelle*, ルソー、ジャン＝ジャック、『永久平和論批判』『ルソー全集』第四巻、宮治弘之・訳、［一九七八］、白水社
坂部恵［一九七六］『理性の不安』、勁草書房
佐藤俊樹［二〇〇五］『桜が創った「日本」――ソメイヨシノ起源への旅』、岩波書店（岩波新書）

施光恒［二〇〇九］「リベラル・デモクラシーとナショナリティ」、施光恒・黒宮一太・編著、『ナショナリズムの政治学——規範理論への誘い』、ナカニシヤ出版
篠原初枝［二〇一〇］『国際連盟』、中央公論新社（中公新書）
篠原一［二〇〇四］『市民の政治学——討議デモクラシーとは何か』、岩波書店（岩波新書）
Silber, John［1974］"Procedural Formalism in Kant's Ethics", *The Review of Metaphysics* 28
Singer, Peter,［2002］*One World: the Ethics of Globalization*, Yale University Press; 山内友三郎、樫則章・訳、［二〇〇五］、『グローバリゼーションの倫理学』、昭和堂
高田純［一九九七］『実践と相互人格性——ドイツ観念論における承認論の展開』、北海道大学図書刊行会
谷田信一［二〇〇〇］「『戦争と平和の倫理』とカントの平和論」『日本カント研究Ⅰ』、理想社
樽井正義［一九八二］「カントの所有論」、『哲学』第七五号、三田哲学会
樽井正義［一九八九］「自由の哲学」、ライス、ハンス『カントの政治思想』芸立出版
Taylor, Charles［1992］*Ethics of Authenticity*, Harvard University Press; テイラー、チャールズ、『〈ほんもの〉という倫理』、田中智彦・訳、［二〇〇四］、産業図書
Taylor, Charles［1996］"Why Democracy Needs Patriotism", Nussbaum, Martha, C, et. al., *For Love of Country?* Beacon Press; テイラー、チャールズ、「なぜ民主主義は愛国主義を必要とするのか」、ヌスバウム、マーサ他、『国を愛するということ——愛国主義《パトリオティズム》の限界をめぐる論争』、辰巳伸知、能川元一・訳、［二〇〇〇］、人文書院
寺田俊郎［一九九七］「カント実践哲学における自律と自由」、久呉高之、湯浅正彦・編著、『自由と行為』、晃洋書房
寺田俊郎［二〇〇六］「グローバル・エシックスとしてのカントの道徳形而上学」、日本カント協会・編、『日本カント研究』第七巻
寺田俊郎［二〇〇九］「カントの永遠平和論から日本国憲法第九条を見る」、『PRIME』、明治学院大学国際平和研究所
寺田俊郎［二〇一〇］「カントはなぜ世界共和国ではなく国際連盟を提唱したのか」、『人文・自然・社会科学研究』第

二三号、拓殖大学
寺田俊郎［二〇一〇］「カントの道徳教育論の現代的意義」、『哲学科紀要』第三七号、上智大学哲学科
寺田俊郎［二〇一二］「世界市民の哲学としてのカント哲学」、石川求、寺田俊郎・編著、『世界市民の哲学』、晃洋書房
寺田俊郎［二〇一四］「共同の哲学的探究としての倫理学」、『倫理学年報』第六三集、日本倫理学会
寺田俊郎［二〇一七］「反省的判断力としての道徳的判断力」、『哲学科紀要』第四三号、上智大学哲学科
寺田俊郎［二〇一八］「『カントに政治哲学があるか』という問いをめぐって」、『思想』二〇一八年一一月号、岩波書店
Weigl, Engelhard［2000］*Schauplätze der deutschen Aufklärung. Ein Städterundgang*, Rowohlt: ヴァイグル、エンゲルハルト、『啓蒙の都市周遊』、三島憲一、宮田敦子・訳、［一九九七］、岩波書店
鷲田清一［一九九五］『人称と行為』、昭和堂
鷲田清一［二〇一四］『哲学の使い方』、岩波書店（岩波新書）
鷲田清一・監修、Café Philo・編［二〇一四］『哲学カフェのつくりかた』、大阪大学出版会
Wolff, R. P.［1986］*Autonomy of Reason*, Peter Smith
山根雄一郎［二〇〇八］「平和の形而上学――『永遠平和のために』の批判哲学的基底」、坂部恵、佐藤康邦・編、『カント哲学のアクチュアリティー――哲学の原点を求めて』、ナカニシヤ出版
坂部恵、佐藤康邦・編［二〇〇八］、『カント哲学のアクチュアリティー――哲学の原点を求めて』、ナカニシヤ出版
山本純一［二〇〇二］『インターネットを武器にした〈ゲリラ〉――反グローバリズムとしてのサパティスタ運動』、慶應義塾大学出版会
山室信一［二〇〇七］『憲法9条の思想水脈』、朝日新聞出版
柳父章［一九八二］『翻訳語成立事情』、岩波書店（岩波新書）
ウェッブサイト（二〇一九年四月二〇日閲覧）

https://peacefultomorrows.org/
http://www.icanw.org/

読書案内

カントから出発して
平和、世界市民をさらに深く考える

……寺田俊郎

『永遠平和』を含むカント哲学の全体像を知るに適した文献は数多くあるが、比較的最近のものから次の三点を挙げたい。**『カントを学ぶ人のために』**（有福孝岳、牧野英二・編、世界思想社）は、日本のカント研究者たちが、カント哲学を多様な観点から解説した入門書。わたしも『永遠平和』に関する簡潔な解説を寄せている。**『自分で考える勇気――カント哲学入門』**（御子柴善之、岩波書店）は、カント哲学の全体像を、読者と共に考えるという姿勢でコンパクトに紹介しており、少年少女向けのシリーズに収められてはいるものの、おとなの知的関心にも十分応える。**『カント伝』**（キューン、マンフレッド、春風社）は、ドイツ人のカント研究者が英語で著した詳細で重厚な評伝。カントの人となりや生き方に関する興味深い記述を豊富に含むが、カントの思想の全体像を知るうえでも有益である。

次に、『永遠平和』の現代世界における意義を考えるための文献として、**『カントと永遠平和――カントの世界市民という理念について』**（ルッツ＝バッハマン、マティアス・ボーマン、ジェームズ、未來社）の右に出るものはまだないだろう。また、特に憲法九条との関連を論じるものとしては、**『憲法9条の思想水脈』**（山室信一、朝日新聞出版）を挙げておきたい。著者は哲学ではなく政治思想史の専門家だが、『永遠平和』を欧米と日本の思想史の両方の文脈において考えるには格好の文献である。

続いて、世界市民主義を考えるための文献。先に挙げた『カントと永遠平和』も、副題が示す通り世界市民主義を考えるうえでたいへん参考になる。他の文献としては、まず**『国を愛するということ――愛国主義《パトリオティズム》の限界をめぐる論争』**（ヌスバウム、マーサ他、人文書院）を挙げよう。世界市民主義をきわめて高く評価するヌスバウムに対し、多様な論客が賛否両論を表明し、最後にヌスバウムが応答するという体裁をとっており、読者も世界市民をめぐる論争の中に身を置いて考えることになる。訳者の解説も有益。『**連邦主義とコスモポリタニズム――思想・運動・制度構想**』（千葉眞、風行社）は、現代世界における世界市民主義の意義を、政治学の観点も交えて包括的に考察する。また、世界市民主義を主題とするわけではないが、グローバルな倫理的問題を世界市民的な視点から論じたものとして、『**グローバリゼーションの倫理学**』（シンガー、ピーター、昭和堂）を挙げることができる。シンガーの倫理学上の立場は、通常カントのそれとは対極的だと考えられるが、世界市民主義については果たしてどうか。

最後に、少々話しが飛ぶように見えるかもしれないが、世界市民の哲学を現代世界で推進するための文献として、次の二点を挙げたい。『**哲学の使い方**』（鷲田清一、岩波書店）、『**哲学カフェのつくりかた**』（鷲田清一監修、Café Philo編、大阪大学出版会）。勝手にカント哲学と関連づけられて迷惑だと言われるかもしれないが、これらの文献で論じられることは、わたしに言わせれば、まぎれもなく世界市民の哲学の精神であり方法である。

あとがき

「いま読む！　名著」シリーズにカントの『永遠平和のために』の巻を書かないか、とお誘いを受けたのは、二〇一六年の夏だった。早くも三年近くが経とうとしている。有難く意義深いお誘いだと思い、二つ返事でお引き受けしたものの、筆者の多忙もあり、書き上げるのに思わぬ時間がかかってしまった。

その間にも世界の情勢は少なからず変わり、本書の出版が時機を逸するのではないか、と危ぶんだこともある。日本国内では、安倍晋三政権が長期化し、憲法改定が現実的なものになった。『永遠平和のために』の意義は憲法改定に左右されるわけではないが、憲法改定後に本書が世に出るのはなんとも空しい。

海外に視線を向けると、アメリカ合州国では、トランプ政権が変わらぬ支持を集め、再選の可能性すらささやかれる勢いである。国連を軽視し、自国中心主義を称揚し、法も道徳も気にせず、政治と取引《ディール》との区別もつかない大統領は、「アメリカを偉大《グレート》にする」どころか貶めているとしか思われないが、合州国を世界市民主義とは反対の方向に引きずっていく。

また、ヨーロッパでは、英国がヨーロッパ連合（EU）離脱の方針を決め、諸国家連合のモデルとしては国連より成功しているヨーロッパ連合も揺らぎ軋んでいる。また、これまで世界市民の権利を尊重し、難民の受け入れに積極的だったヨーロッパ諸国でも、外国人に対して排他的な政党が一定の支持を集めている。世界市民の夢を見ている、と合州国の現実主義者に揶揄されていたヨーロッパですら、世界市民主義は後退していくように見える。

しかし、そんなことでは世界市民の希望は消えたりしない。

二〇一九年四月、筆者が研究滞在のため訪れたドイツのベルリンは、政治の季節だった。五月二十六日のヨーロッパ議会選挙に向けて、各党が通りに掲げるプラカードのほとんどは、ヨーロッパの結束を第一の課題としていた。ふたを開けてみると、キリスト教民主党が最多議席を獲得、ドイツ社会党が大きく後退したのだが、その中で緑の党が目覚ましく議席数を伸ばしたのが印象的だった。しかも、緑の党は三十歳以下の若者たちの間では三十パーセントの得票率を誇ったという。

緑の党はもともと環境保護の市民運動から出てきた政党だが、今回はヨーロッパの結束と難民支援をもスローガンに入れていた。ある哲学専攻の大学院学生によれば、他に注目すべき環境政策を掲げた党がなかったので躍進しただけ、とのことだが、しかしそれにしても、環境問題という地球規模《グローバル》の問題に取り組むべきだという判断を、多くのドイツ人がしたことは間違いない。スウェーデンの若者の行動から始まった気候変動対策の強化を訴える運動「フライデー・フォー・フューチャー」もヨーロッパ中で目覚ましい広がりを見せている。

また、ベルリンに滞在中のある若い英国人哲学研究者は、英国のヨーロッパ連合離脱を「危機」としか見ない風潮に対して苦言を呈していた。英国の離脱問題のおかげで、政治を真剣に考え政治参加しようという意識が、英国市民の間でこれまでになく高まっている、これは民主主義にとってはむしろ好ましいことだ、と。なるほど、それを言うなら、英国の離脱騒ぎは、同じような意識をヨーロッパの他の国々の市民の間でも高めていることになる。

ヨーロッパ議会の選挙の前、四月の終わりごろだったか、お世話になっている大学の実践哲学コロキウム（ゼミナール）の夕食会でのこと。緑の党でボランティアをしている大学院学生と難民支援のNGOでボランティアをしている大学院学生が熱心に語りあっていた。既存の政党のために働くことがいいことかどうか論じあっていたのだ。緑の党と言えば、筆者が大学生のころは草の根運動を象徴する市民団体で、政党になってからも既存のそれとは一線を画す存在だった。その緑の党も今や既存の政党の一つになったのだ。既存の政党に対する不信感が若者の間で強まっているようだ。「フライデー・フォー・フューチャー」の盛り上がりも、そういう若者たちの心情が背景にあるかもしれない。

これらの現象も人類の学びの過程の一つではないだろうか。政治社会とそれから一定の距離をとる市民社会とが、競い合ったり補い合ったりしながら、現代世界のさまざまな重要課題をめぐって議論し、思考し、行動する。それは、世界市民的意味での哲学の一つの現場である。そして、同じような光景はつい最近日本でも見られた。原子力発電所再稼働や安保法案をめぐって、既存の政党も行動を起こしたが、それから距離をとる若者たち（だけではないが）の新しいスタイルの行動も印象的だった。それもまた、世界市民的意味での哲学の一つの現場である。楽観はできないが悲観する必要もない。希望はある。

最後になったが、本書の企画を提案し、筆の進まない筆者を励まし、ときに厳しい批評をして、最後まで筆者のよき伴走者になってくださった、「いま読む！ 名著」シリーズの編集者、中西豪士さんに感謝申し上げる。中西さんがいなかったら、本書が世に出ることはなかっただろう。

そして、私事になって恐縮だが、すでにこの世を去った父、寺田永六に本書を捧げたい。

二〇一九年夏至の日　ベルリンにて

寺田俊郎

寺田俊郎（てらだ・としろう）

1962年、広島県生まれ。

京都大学文学部卒業、京都大学大学院文学研究科博士課程学修退学。

大阪大学大学院文学研究科博士課程修了。博士（文学）。

現在、上智大学文学部教授。専門は、哲学、倫理学。

著書に、『カントを学ぶ人のために』（2012年、世界思想社、共著）、『世界市民の哲学』（2012年、晃洋書房、共著）、『哲学カフェのつくりかた』（2014年、大阪大学出版会、共著）、『グローバル化時代の人権のために——哲学的考察』（2017年、上智大学出版、共著）など。

いま読む! 名著
どうすれば戦《せん》争《そう》はなくなるのか
カント『永遠平和のために』を読み直す

2019年7月25日　第1版第1刷発行

著者　寺田俊郎
編集　中西豪士
発行者　菊地泰博
発行所　株式会社 現代書館
〒102-0072　東京都千代田区飯田橋3-2-5
電話 03-3221-1321　FAX 03-3262-5906　振替 00120-3-83725
http://www.gendaishokan.co.jp/
印刷所　平河工業社（本文）　東光印刷所（カバー・表紙・帯・別丁扉）
製本所　積信堂
ブックデザイン・組版　伊藤滋章
校正協力：高梨恵一

ISBN978-4-7684-1016-5
定価はカバーに表示してあります。乱丁・落丁本はおとりかえいたします。

活字で利用できない方のための
テキストデータ請求券
『どうすれば戦争は
なくなるのか』